二十四史

马上读 语文历史都进步

第六册

《宋书》《南齐书》《梁书》《陈书》《南史》

李海杰 主编

北京理工大学出版社
BEIJING INSTITUTE OF TECHNOLOGY PRESS

版权专有　侵权必究

图书在版编目（CIP）数据

二十四史马上读：语文历史都进步：函套共12册/李海杰主编. —北京：北京理工大学出版社，2023.10

ISBN 978－7－5763－2413－6

Ⅰ.①二… Ⅱ.①李… Ⅲ.①二十四史－青少年读物 Ⅳ.①K204.1-49

中国国家版本馆CIP数据核字（2023）第097057号

出版发行 /	北京理工大学出版社有限责任公司
社　　址 /	北京市丰台区四合庄路 6 号
邮　　编 /	100070
电　　话 /	（010）68944451（大众售后服务热线）
	（010）68912824（大众售后服务热线）
网　　址 /	http：//www.bitpress.com.cn
经　　销 /	全国各地新华书店
印　　刷 /	唐山富达印务有限公司
开　　本 /	880毫米×1230毫米　1/32
印　　张 /	77.75
字　　数 /	1236千字
版　　次 /	2023年10月第1版　2023年10月第1次印刷
定　　价 /	398.00元（全12册）

责任编辑 / 钟　博
文案编辑 / 钟　博
责任校对 / 刘亚男
责任印制 / 施胜娟

图书出现印装质量问题，请拨打售后服务热线，本社负责调换

目录

◆ 宋书 ◆

武帝本纪 / 003
◎ 草根出身的"南朝第一帝"

文帝本纪 / 009
◎ 乱局中的悲剧之君

檀道济列传 / 015
◎ 刘宋王朝的万里长城

王镇恶列传 / 021
◎ 用兵果决的孤胆猛将

谢灵运列传 / 026
◎ 山水诗派的鼻祖

颜延之列传 / 031
◎ 狂傲率直的文坛领袖

◆ 南齐书 ◆

高帝本纪 / 039
◎ 戎马一生的开国帝王

陈显达列传 / 046
◎ 死于非命的独眼猛将

王僧虔列传 / 053
◎ 有长者之风的书法大家

竟陵文宣王子良列传 / 059
◎ 皇族中的文艺青年

谢朓列传 / 064
◎ 精于五言的山水诗人

祖冲之列传 / 069
◎ 全能型的数学天才

梁武帝本纪 / 077
◎ 晚节不保的开国皇帝

昭明太子统列传 / 084
◎ 德才兼备的贤明太子

韦睿列传 / 090
◎ 用兵如神的良将

陈庆之列传 / 096
◎ 千军万马避白袍

王僧辩列传 / 103
◎ 摇摆不定的平乱名将

范缜列传 / 109
◎ "无神论"的无畏斗士

刘勰列传 / 115
◎ 信奉佛教的文学理论家

陶弘景列传 / 119
◎ 一心向道的"山中宰相"

侯景列传 / 125
◎ 南梁王朝的掘墓人

陈书

高祖本纪 / 133
◎ 唯一以姓为国的皇帝

后主本纪 / 139
◎ 沉迷享乐的亡国昏君

吴明彻列传 / 145
◎ 屡破外敌的名将

徐陵列传 / 152
◎ 严肃方正的一代文豪

南史

鲍照列传 / 161
◎ 承前启后的诗歌大家

何承天列传 / 166
◎ 性情刚烈的多面型人才

任昉列传 / 172
◎ 著作等身的一代文豪

王僧孺列传 / 178
◎ 藏书万卷的谱牒学大家

王琳列传 / 183
◎ 涡流中沉浮的名将

陶潜列传 / 189
◎ 不为五斗米折腰的大文学家

宋书

《宋书》由南朝梁史学家沈约撰写，共一百卷，包括十卷本纪、三十卷志、六十卷列传，没有表，是记载南朝刘宋的纪传体断代史。《宋书》记录自宋武帝刘裕登基至宋顺帝刘准禅位（420—479年），共六十年的史事。《宋书》保存了不少当时的历史资料，尤其是收录了很多奏议、书札和文章，能从中看出当时社会、政治、经济的实际情况，是刘宋时代文学第一次取得独立地位的表现，对后世研究这段历史具有十分重要的意义。

沈约（441—513年），字休文，吴兴郡武康县（今湖州市德清县）人，南朝著名的史学家、文学家、声律学家。

沈约家中贫穷，从小失去父亲，但因专心学习，博览群书，很会写诗作文，先后在宋、齐、梁三朝为官，自称"少好百家之言，身为四代之史"。梁武帝萧衍即位，任命他担任尚书仆射（yè），册封建昌县侯，沈约历任多种要职，倍受荣宠。487年，沈约奉诏令修《宋书》，历时一年完成。除《宋书》外，沈约还写作了其他史书，如《晋书》《齐纪》等，但都已经亡佚（yì）。因为被梁武帝多次谴责，沈约于513年忧惧而死，终年七十三岁，谥号是"隐"，后世也称他为"隐侯"。

武帝本纪

> 刘裕（363—422年），字德舆，小名寄奴，祖籍彭城郡彭城县（今江苏省徐州市），生于晋陵郡丹徒县（今江苏省镇江市），东晋至南北朝时期杰出的政治家、改革家、军事家，南朝刘宋开国皇帝，死后谥号武帝。

◉ 草根出身的"南朝第一帝"

刘裕家境贫寒，出生时母亲便难产去世，他却得贵人相助，得以平安长大。刘裕早年靠卖草鞋为生，又经常赌博来补贴家用，同乡人都看不起他。但是，他才能出众、爱好舞枪弄剑，而且心怀大志。刘裕为了施展抱负，出人头地，进入东晋王朝的北府军队从军，希望能够干出一番大事业。

当时正值东晋末年，皇帝昏庸，民不聊生，农民起义不断爆发。399年,孙恩在会稽郡(今浙江省绍兴市)起兵造反,严重威胁朝廷的统治,刘裕奉命跟随东晋将领刘牢之前去平定叛乱。有一天,刘裕率领几十名士兵前去侦探敌情,碰上了几千名起义军。刘裕的下属全部战死,刘裕也被敌人追杀,但他有一股不服输的狠劲,竟然独自手持长刀反杀回去,势不可挡,简直有如神助。

刘裕许久未归,刘牢之便派自己的儿子率兵前去查看,

▼ 刘裕独战反贼

正好看见刘裕毫发无损、以一敌百的场景，惊为天人。在众人的援助下，刘裕胜利而归。此战过后，刘裕不仅在军中升了官，更树立了自己的威信。

东晋大臣桓玄的实力十分强大，对皇帝的宝座虎视眈眈。402年，他攻克了京城建康（今江苏省南京市），刘裕审时度势，暂投桓玄部下，韬光养晦，等待时机。

403年，桓玄篡位称帝。这时刘裕已经屡建军功，在军中颇有威望。桓玄的妻子察觉到刘裕会威胁到桓玄的地位，多次劝桓玄除掉他，但桓玄想利用他收复中原，没有听从。

404年，刘裕以打猎为名，举兵起义，杀死了桓玄，奠定了自己江南霸主的地位。

刘裕仿佛是为乱世而生，尽管没有受过多少教育，却有勇有谋、进退有度；尽管军功显赫，但也懂得节制权力欲望，收复天下人心。刘裕没有趁机称帝，而是借助东晋朝廷的声望，致力于消灭割据势力。在短短几年内，刘裕先后将桓楚、南燕、西蜀等割据政权及刘毅、司马休之等军阀逐一歼灭，结束了南方百年来的乱象。

刘裕掌握东晋大权后，更加野心勃勃，将北方也视为自己的囊中之物。416年，刘裕北伐后秦。他充分发挥东晋水军的优势，依靠水路运输，保护了粮草安全。

二十四史马上读，语文历史都进步

在进攻后秦的路上，北魏的骑兵想要趁火打劫，堵住了刘裕的军队。

刘裕充分展现了自己的军事才能，利用战车、士兵、弓弩、长枪，背靠黄河，摆了一个半圆形的"却月阵"。该阵既能保护自己军队不受敌军偷袭，又能利用多种兵器配合作战，正好能够克制敌兵。敌人很快就被打得散作一团，抱头乱窜。此战，刘裕以两千步兵一举歼灭北魏三万骑兵，随后直捣黄龙，收复长安城（今陕西省西安市），灭了后秦，创造了战争史上的奇迹。

不料，这时候传来一个消息，替他坐镇建康城的首席谋臣刘穆之病故。刘裕担心朝廷发生变故，只好连忙离开长安，赶回朝廷。刘裕离开后不久，长安城又陷落了，刘裕的北伐功亏一篑。

刘裕因为自己出身底层，时常心系民众，颇有常人难以企及的非凡气度。宁州的地方官曾经进献琥珀枕，极其珍贵。刘裕出征后秦时，有人说琥珀能够疗伤，他丝毫没有犹豫，命人将琥珀枕捣碎后分给将士们。还有一次，广州进献一匹细布，华丽无比，刘裕认为其制作必定劳民伤财，严厉批评了献布的太守，并下令严禁生产这种布。

418年，刘裕凭借歼灭后秦的巨大功勋，受封为宋公。420年，刘裕认为时机成熟，便废晋恭帝司马德文，代晋称帝,国号为宋,定都建康,是为宋武帝。南朝正式开始。

东晋时期,士族的势力达到顶峰,严重威胁到了中央集权,宋武帝吸取前朝教训,大刀阔斧地进行改革,采取了以下举措:一是实施土断,严禁门阀士族私占山泽的行为,并将世族与皇室的私产收归来资助百姓;二是整顿吏治,重用庶族,重新恢复秀才、孝廉考试制度,选择出身卑微但有真才实学的寒门子弟进入中央,从而在制度上保证了庶族士人的上升通道。在他的治理下,南朝政治清明、军事强大、人民幸福,宋武帝因此被誉为"南朝第一帝"。

422年,宋武帝准备北伐北魏,但因患病而搁置,缠绵数月后,在西殿病逝,享年六十岁,庙号高祖。"刘裕时代"就此终结。

刘裕经过多年的征战,统一了大半个中国。辛弃疾曾这样高度评价他北伐时的英姿:"想当年,金戈铁马,气吞万里如虎。"

经典原文与译文

【原文】一夜,偃旗匿众,若已遁者。明晨开门,使羸疾数人登城。贼遥问刘讳所在。曰:"夜已走矣。"贼

二十四史马上读,语文历史都进步

信之,乃率众大上。高祖乘其懈怠,奋击,大破之。——摘自《宋书·卷一》

【译文】一天夜里,高祖收起旗帜,隐蔽部众,好像已经逃走的样子。第二天早上打开城门,派老弱士兵登上城头。贼寇远远地询问刘裕在哪里。士兵回答说:"夜晚已经走了。"贼寇相信了他们的话,就率领部众大举登城。高祖趁贼寇懈怠,奋力出击,大破贼寇。

词语积累

樗蒲(chū pú):我国古代的一种棋类游戏,盛行于汉末。因为掷采的投子最初用樗木制成,因此叫作樗蒲。

龙行虎步:起初形容帝王的仪态非同寻常,后也形容将军有过人的风姿。

积习生常:弊病积累了很长时间,大家都习以为常。

宋书·文帝本纪

文帝本纪

> 刘义隆（407—453年），小字车儿，徐州彭城县（今江苏省徐州市）人，南朝宋第三位皇帝，宋武帝刘裕的第三个儿子。死后谥号文帝。

● 乱局中的悲剧之君

刘义隆的母亲出身微贱，后来成为宋武帝的小妾，宋武帝对她们母子毫无感情。刘义隆虽然贵为皇子，但不受皇帝父亲的宠爱，他三岁时，母亲便被宋武帝谴责杀死。

随后，由于宋武帝的三叔刘道规没有儿子，宋武帝便做主将刘义隆过继给他抚养，但此时刘道规已经抚养了自己兄长的儿子，刘义隆的身份顿时变得十分尴尬。

刘道规去世后，面对两个继承人，究竟谁来继承他的爵位？经过大臣提议，宋武帝将刘义隆召回本家，派到地方任职，开始历练。

刘义隆年幼时博览群书，才华出众，长大后身材魁梧，擅长隶书，但由于从小生母早逝、父亲漠视，因此权力甚微，在朝中地位不高。

422年，宋武帝去世，太子刘义符继位，是为宋少帝。宋武帝临终前指定徐羡之、檀道济等四人为顾命大臣，辅佐宋少帝。但宋少帝荒淫无度，将国家弄得一团糟，而且不听劝阻、变本加厉。

424年，徐羡之、檀道济等辅政大臣认为任由宋少帝胡闹下去，刘宋王朝就会断送在他手里，于是发动政变，废黜并杀死了宋少帝，将刘义隆推上皇位，是为宋文帝。

宋文帝在朝中没有根基，四周权臣环伺，刚即位便深感自己的地位不够稳固，害怕步宋少帝的后尘。登基后不久，他首先尽量稳住徐羡之等三人，而着力拉拢掌握军队的大臣檀道济，利用他来制衡其他人，慢慢将大权从徐羡之等人手中抢了过来，此后才开始真正掌控大权。

大权到手后，宋文帝开始全面治国。他继续实施宋武帝的政策，实施一系列改革。宋文帝认为农业是国家的根本，下令减免租税，号召官员劝勉农民耕种，并且亲自带领大臣去京郊耕田锄地，给农民做出榜样。

宋文帝很重视官员的选拔，对贪官污吏毫不偏袒，予以严厉的惩罚。宋文帝有一位堂叔在地方当太守，辖境内

▲ 宋文帝视察农业

发生旱灾,他不但没有采取措施拯救灾民,还乘机侵吞救灾粮。宋文帝得知消息,免了他的官职,给予严厉处罚。

在宋文帝的治理下,刘宋王朝社会稳定,经济繁荣,人民安居乐业。宋文帝的年号是元嘉,因此后人称之为"元嘉之治"。

虽然宋文帝的治国成就值得称道,但他的猜忌心很重。檀道济在宋武帝时代就是名将,是国家的军事支柱,在抵抗北魏的战争中屡屡立功。宋文帝体弱多病,想到檀道济在军中威望颇高,很是忌惮。435年,宋文帝病重,找借口将檀道济从前线召回。神奇的是，檀道济一回京，宋文帝的病立刻就好了。第二年，宋文帝刚刚放回檀道济，竟然又生病了。两次生病使宋文帝坐卧难安，认定檀道济必定会反叛，于是给他安了一个罪名，将其无情铲除。

当时的中国，南北分治已经一百多年。宋文帝孜孜求治，主要还是想继承父亲没有完成的功业，矢志北伐，收复失地。

430年，宋文帝自觉国力有所恢复，派遣大将北伐，宋军前期进展顺利，一举收复河南失地。随后，魏军展开反攻，加上宋文帝指挥失误，第一次北伐大败。

450年，宋文帝发动第二次北伐，招来魏军猛烈的进攻，一直打到长江边，使得宋朝在长江以北的各州县遭到极大破坏。当时北方的北魏王朝，正值太武帝拓跋焘在位，太武帝是北魏最能打的皇帝，堪称宋文帝一生的劲敌。

452年，太武帝去世。宋文帝为了一雪两次失败的耻辱，不顾朝臣反对，执意发动第三次北伐。他任命没有作战经验的张永担任将军，进攻战略要地碻磝（qiāo áo）（今山东省茌平县境内），历时几十天都未攻下。

魏军挖地道出城，纵火偷袭，张永匆忙撤退，忘了通知其他将领，宋军大败。其他各路大军也因粮草不济、将领贪生怕死等原因进展不利，第三次北伐失败。

宋书·文帝本纪

宋文帝的儿子刘劭（shào）私行巫蛊之术，事情被宋文帝察觉。453年，刘劭为求自保，发动政变，宋文帝被杀，享年四十七岁。宋文帝三次北伐耗尽国力，三十年创造的元嘉盛世毁于一旦，扭转了宋武帝费尽一生心血打拼出的南强北弱的局面。从此，在与北魏的对抗中，南朝始终处于被动局面。

经典原文与译文

【原文】二十八年春正月丙戌朔，以寇逼不朝会。丁亥，索虏自瓜步退走。丁酉，攻围盱眙（xū yí）城。是月，宁朔将军王玄谟自碻磝退还历下。——摘自《宋书·卷五》

【译文】宋文帝元嘉二十八年春季正月丙戌日初一，因为贼寇逼近，没有举行朝会。丁亥日，魏虏从瓜步山（今江苏省南京市境内）撤退。丁酉日，魏虏攻围盱眙城（今江苏省盱眙县）。当月，宁朔将军王玄谟从碻磝撤退，回师历城县（今山东省济南市）。

凫(fú)藻：野鸭在水藻里嬉戏，用来比喻欢悦的心情。

屯(tún)夷：指艰危与平定，偏指困厄。

氛祲(jìn)：本义指雾气，后指预示灾祸的云气，比喻战乱、叛乱。

民瘼(mò)：民众的疾苦。

檀道济列传

> 檀道济（？—436年），高平郡金乡县（今山东省济宁市金乡县）人，东晋末年名将，南朝宋开国元勋。

● 刘宋王朝的万里长城

檀道济小时候成为孤儿，与兄弟姐妹一起，由叔父抚养长大。他从小懂事守礼，父亲去世时，在服丧期间十分恭敬，在生活中与兄长、姐姐相处也很融洽。

当时正值东晋末年，我国分为南北两大势力，北方是如日中天的北魏，南方是已经衰落的东晋。它们都想一统中国，因此连年征战不休。

长大后的檀道济跟随兄长投奔当时还是东晋将领的宋武帝，成为他手下一名普通士兵。在战场上，檀道济作战勇猛，屡立战功，逐渐成为宋武帝麾下最重要的将领之一。

416年，宋武帝已经总揽朝政，决定北伐后秦，命令檀道济担任先锋。檀道济凭借过人的实力，带领部队屡战屡胜，一举攻破北方重镇洛阳（今河南省洛阳市）。在北伐过程中，檀道济俘虏了大量士兵。

有人建议杀掉被俘虏的士兵，以让晋军将士发泄心头之恨。檀道济却说："我们之所以北伐，是因为北方百姓生活在水深火热之中，我们是吊民伐罪的正义之师，怎么可以滥杀无辜？再说这些人已经投降，应该放他们回家。"

檀道济的仁义之举迅速在北方各地广泛传播，人们都知道檀道济军队军纪严明，前来投靠的人不可胜计。檀道济军威大振，立刻挥师西进，和宋武帝主力会师，最终攻克长安（今陕西省西安市）。

420年，宋武帝建立刘宋王朝，檀道济成为开国元勋。宋武帝去世后，他又全力辅佐宋文帝。

431年，宋文帝决定完成父亲的心愿，挥师北伐，统一中国。经验丰富的檀道济成为北伐军重要将领。檀道济不负众望，与敌军大战三十余阵，连战连捷。

长时间深入敌境让檀道济的军队距离本土很远，粮草补给线越来越长，军队开始缺粮。一些士兵投降敌军，并把檀道济大军缺粮的事情告诉了敌人。

就在局势变得非常危险的时候，檀道济想到一个主意，他派人用装军粮的袋子装上大半袋沙土，然后在上面放了少量粮食，把大袋大袋的粮食布满整个军营。敌人暗中派出侦察兵一看，发现檀道济军营里的粮食还有很多，认为自己被骗了，一气之下，把报告缺粮消息的降兵全部杀死。檀道济用巧计让自己的军队转危为安。

这时，其他几路军队纷纷失败，北伐难以继续。檀道济只得一边布置疑兵，一边带领军队缓缓撤退，等到北魏军队发现时，檀道济的大军已经安全退回。

这次北伐虽然没有达到预期的战略目的，但檀道济的个人名气却与日俱增，让宋文帝感受到了某种威胁。渐渐地，宋文帝身边出现很多关于檀道济谋反的谗言，他开始怀疑檀道济的忠心。

436年，宋文帝病重，担心檀道济会趁机谋反，不顾敌国大军压境，把他从前线召回，连同他的几个儿子一起抓捕，判处死刑。

檀道济接到诏书，知道无法幸免，饮了一大壶烈酒，把帽子摔在地上，愤怒地大喊道："你这是在自毁长城！"北魏得知檀道济无罪被杀，顿时兴高采烈，说道："檀道济已经死了，刘宋那帮人，没有什么值得害怕的了。"

檀道济死后十五年，宋文帝又进行了一次北伐，结果惨败而归，北方领土大量丢失，北魏军队甚至一度饮马长

江。缺兵少将的宋文帝这才意识到杀檀道济是十分错误的决定,因此悔恨不已。

经典原文与译文

【原文】义熙十二年,高祖北伐,以道济为前锋出淮、肥,所至诸城戍望风降服。进克许昌,获伪宁朔将军、颍川太守姚坦及大将杨业。至成皋,伪兖(yǎn)州刺史韦华降。径进洛阳,伪平南将军陈留公姚洸(guāng)归顺。凡拔城破垒,俘四千余人。议者谓应悉戮以为京观。道济曰:"伐罪吊民,正在今日。"皆释而遣之。于是戎夷感悦,相率归之者甚众。——摘自《宋书·卷四十三》

【译文】东晋安帝义熙十二年,宋高祖刘裕北伐,任命檀道济为前锋,从淮河、肥水出兵,所到各城戍,都望风投降。进军攻克许昌(今河南省许昌市),俘虏伪宁朔将军、颍川郡(今河南省禹州市)太守姚坦及大将杨业。到达成皋(今河南省荥阳市境内),伪兖州刺史韦华投降。直接进军洛阳,伪平南将军、陈留公姚洸归降。拔城破垒,共俘虏四千多人。议论的人说应该将俘虏全部杀掉,聚集

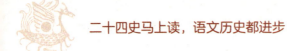

尸体推土筑成高坟。檀道济说:"征伐有罪,慰问百姓,正在今天。"将俘虏全部释放并遣送他们回家。因此戎人、夷人感动喜悦,很多人先后前来归降。

自毁长城: 比喻自己削弱自己的力量,或者自己破坏自己的事业。

目光如炬: 炬,火炬。目光发亮,像火炬一样。最初形容愤怒地注视,后来引申为见识高明。

唱筹量沙: 筹,计算;量,称量。用粮袋装沙子,一边称量一边大声计量数量,以示存粮充足。形容为了安定军心,制造假象迷惑敌人。

王镇恶列传

> 王镇恶（373—418年），北海郡剧县（今山东省潍坊市昌乐县）人，生于长安（今陕西省西安市），东晋末年名将。

● 用兵果决的孤胆猛将

王镇恶农历五月五日出生，当时的风俗认为这个日子不吉利，父母便想把他送到别人家寄养。王镇恶的祖父、前秦宰相王猛看到他长相异于常人，感到十分惊奇，说："这个孩子前途无量，将来一定能光耀我家的门户。"于是将他留在家中，起名叫镇恶。

王镇恶喜欢研读兵法，评论天下大事，深有谋略，性格果断。在王镇恶十四岁的时候，前秦灭亡，北方陷入混乱。王镇恶和叔父漂泊到南方，遇见当时还是东晋将领的宋武帝。宋武帝非常欣赏王镇恶的才华，委以重任。

后来，宋武帝总揽朝政，雄踞荆州（今湖北省荆州市）的将领刘毅认为，自己的实力不在宋武帝之下，想要夺取朝政大权。412年，宋武帝以东晋皇帝的名义征讨刘毅，王镇恶主动请求担任先锋，随后日夜兼程，兵锋直指荆州。

在快要到达荆州时，王镇恶命令部队减缓行进，打起刘毅部队的旗号混淆视听，沿途没有受到一点抵抗。直到距离荆州城仅五六里的地方，敌人才有所察觉，但为时已晚。王镇恶立刻带兵发起强攻，刘毅急忙调动全部精锐和王镇恶决战，双方打得难解难分。

王镇恶虽然率兵攻入城内，但刘毅军队实力颇强。王镇恶认为硬拼下去没有好处，于是采取攻心战术，当众宣读宋武帝的书信，声称只要投降，就可以获得赦免，而且宣称此次是宋武帝亲征。敌人军心逐渐不稳，开始全线崩溃，穷途末路的刘毅自杀身亡。直到王镇恶平定荆州二十天后，主力部队才到达。宋武帝听到王镇恶取胜的消息非常高兴，给他加官进爵。

平定刘毅后，王镇恶继续带兵作战，屡立战功，逐渐成为宋武帝的心腹将领。416年，宋武帝以东晋皇帝的名义下令北伐后秦，想要占领其京城长安。王镇恶说："如果不能攻下长安，我就不再回来了。"宋武帝非常欣赏王镇恶的勇气，令他带领先锋部队北上。王镇恶大军所向披靡，占领大片领土。

▲ 王镇恶北伐后秦

随后王镇恶带兵西进，在潼关（今陕西省潼关县）受到后秦军队的阻击。

王镇恶孤军深入，粮草已经吃完。他亲自到民间督办粮草，周围各县百姓纷纷捐助物资。王镇恶军队士气大振，一举攻破潼关，在长安和敌军展开决战。战前，王镇恶对士兵们说："你们都是南方人，如今孤军深入关中，距离家乡万里之遥，如果输了，那就再无生还可能，必须拼死一战。"士兵们士气大振，击溃敌军，占领长安。王镇恶立刻宣扬国威，抚慰人心，百姓们得以安居乐业。

王镇恶的战功引起了别人的嫉妒，一些人在宋武帝面前进谗言，说王镇恶贪财好利，在占领长安后，把后秦皇帝的车驾藏了起来，想要图谋不轨。宋武帝暗中派人调查，发现王镇恶只是把马车上镶嵌的金银珍宝剔走，马车则扔在一边。宋武帝知道王镇恶贪财，念在他功劳很大，没再理会这些毛病。

攻灭后秦后，宋武帝安排自己的儿子刘义真镇守长安，命令王镇恶带领本部兵马留下协助，自己率领大部队班师回朝。宋武帝走后，北方的其他小国屡次前来侵犯，刘义真派将领沈田子出兵讨伐。沈田子看到敌军强盛，屯兵不进。王镇恶非常生气，说："陛下把十几岁的儿子托付给我们，我们不竭尽全力，那些敌人怎么可能被消灭？"

不久，王镇恶联合沈田子，准备同时出兵抵抗敌人。沈田子早就嫉妒王镇恶的战功，谎称与他商讨军情，暗中布置亲信，在军营里杀死王镇恶，王镇恶死时年仅四十六岁。

后世史学家沈约编撰《宋书》时，评价王镇恶说："王镇恶催动先锋部队直指敌军，面前全无强悍的敌阵，是刘宋时期的猛将，这是壮烈无比的。"

经典原文与译文

【原文】年十三而苻（fú）氏败亡，关中扰乱，流寓崤

（xiáo）、渑（miǎn）之间。尝寄食渑池人李方家，方善遇之。谓方曰："若遭遇英雄主，要取万户侯，当厚相报。"方答曰："君丞相孙，人才如此，何患不富贵。至时愿见用为本县令足矣。"——摘自《宋书·卷四十五》

【译文】王镇恶十三岁的时候，前秦皇帝苻坚败亡，关中（今陕西省中部）地区混乱，他流亡居住在崤山、渑池县之间。王镇恶曾经在渑池县人李方家里寄住，李方对他非常好。王镇恶对李方说："我如果遇到英雄君主，博取了万户侯，一定要丰厚地报答你。"李方回答道："你是王猛丞相的孙子，才能出众，何愁将来不会富贵呢？到时候能用我担任本县的县令，就足够了。"

词语积累

身先士卒：作战时冲在士兵的前面，现在引申为领导走在群众的前面。

谢灵运列传

> 谢灵运（385—433年），名公义，字灵运，小名客儿，祖籍陈郡阳夏县（今河南省周口市太康县），生于会稽郡（今浙江省绍兴市），刘宋时期著名诗人、山水诗派鼻祖、旅行家。

● 山水诗派的鼻祖

谢灵运的祖父是东晋名将谢玄。谢灵运小时候聪明伶俐，善于写诗，祖父十分喜爱。谢灵运的父亲早亡，十九岁时，谢灵运便继承了祖父的爵位。

宋武帝建国以后，任命谢灵运担任太子属官。谢灵运天性偏激，认为自己有治国理政的大才，这个职位与自己的才能不符，经常做出有违礼法的事情。后来，谢灵运被政敌攻击，被下放到地方为官。

谢灵运对当地方官没有兴趣，整天游览山水美景，写诗作文，甚至连续十几天不见人，各类政务文书、案件卷宗堆积如山，他一概不闻不问。他的堂弟实在看不下去，屡次写信劝说。谢灵运置若罔闻，只和几个好友逍遥放纵，写了很多名篇佳作，他的诗名与日俱增，每写出一首诗，都会传遍国都。

宋文帝继位后，非常欣赏谢灵运的才华，将他调回朝廷，负责校对古籍，编撰《晋书》。谢灵运对这件事不屑一顾，只编了一个大纲，再无后文。谢灵运后来以身体不好为由，经常旷工，宋文帝只好让他离京养病。谢灵运离开朝廷，心情非常郁闷，因为他不想当一个只会写诗的文人，还希望皇帝能赏识他的政治才华，以便驰骋疆场，完成北伐大业，于是他在临走时，呈上了一封奏章，极力劝说宋文帝北伐，而宋文帝没有采纳。

养病期间，谢灵运变得更加放荡不羁，痴迷于写诗和旅游。他发明了一种新式的登山鞋，这种鞋子有前、后两个齿，上山时卸掉前面的齿，下山时卸掉后面的齿，后世称之为"谢公屐（jī）"。谢灵运每天都带着一大帮人，逢山开路、遇水搭桥，将旅游和吟诗当成主业，其他事情都成了不值一提的小事。

长期游山玩水，让谢灵运获得了很多创作灵感，成为

▼ 谢灵运游山玩水

中国历史上第一个全力写作山水诗的诗人,开创了山水诗派。谢灵运的山水诗,在精雕细琢中又极力接近自然,诗风灵动,神形具备。谢灵运也对自己的文采十分自负,认为古往今来,只有曹魏时的大才子曹植能超过自己,他曾经说过:"天下文章有一石(dàn),曹子建占八斗,我独占一斗,天下人共分一斗。"

谢灵运由于到处旅游,荒废了政务,所以多次受到弹劾。一个叫郑望生的官员,决定教训一下这个放荡不羁的诗人,于是亲自带人抓捕谢灵运。谢灵运怒不可遏,带着自己的家仆对抗,反而把郑望生活捉了,谢灵运最终以造反之名被抓。

宋文帝仍爱惜谢灵运的才华,又念他的祖父对国家有功,下诏使谢灵运免于死刑,充军广州。不久,官府抓到几个普通犯人,他们在审讯中供称谢灵运曾经在充军前谋划逃跑,还雇佣一群人打造兵器,准备让他们解救自己。宋文帝下达诏书,在广州将谢灵运就地正法,其终年四十九岁。

谢灵运在我国文学史上有重要地位,被尊为山水诗派的鼻祖。他的山水诗开创了我国山水文学的新境界。

文学评论家钟嵘在《诗品》中对谢灵运的诗歌给予高度评价,说:"谢灵运的诗歌如同出水芙蓉一般。"

经典原文与译文

【原文】太守孟顗（yǐ）事佛精恳,而为灵运所轻,尝谓顗曰:"得道应须慧业文人,生天当在灵运前,成佛必在灵运后。"顗深恨此言。——摘自《宋书·卷六十七》

【译文】绍兴郡太守孟顗侍奉佛祖十分真诚,却被谢灵运看不起,他曾经对孟顗说:"能得道成佛的一定是有慧根的文人,你肯定死在我的前面,得道成佛一定在我的后面。"孟顗对他的话恨之入骨。

相如之笔: 相如,西汉文学家司马相如。形容一个人有司马相如那样的文采。

史谈之愤: 史谈,西汉史学家司马谈。指留下史家司马谈没有写成《史记》的遗恨。

宋书·颜延之列传

颜延之列传

> 颜延之（384—456年），字延年，琅琊郡临沂县（今山东省临沂市）人，南朝宋时文坛领袖，与谢灵运并称为"颜谢"，因行事狂傲，世人也称他为"颜彪"。

● 狂傲率直的文坛领袖

颜延之的父亲早逝，因此家境贫寒。颜延之自幼聪明伶俐，喜欢读书，写出的文章在当时号称第一，但他特立独行，直到三十岁还没有结婚。

颜延之的妹妹嫁给一个高官的儿子。这个高官很欣赏颜延之的文采，邀请他见面，想推荐他做官，颜延之却没有赴约。

东晋末年，颜延之在当时还是豫章郡公的宋武帝的世子手下担任一个小官。

宋武帝北伐,收复了大量领土,颜延之奉命担任特使,来到洛阳(今河南省洛阳市)庆贺胜利。一路之上,面对满眼衰败颓废,颜延之感受到山河破碎的悲哀,心中久久难以释怀,写下名作《北使洛诗》。

宋武帝当上皇帝后,让颜延之负责教育太子。宋武帝邀请儒学大师周续之讲学,当时颜延之虽然官职不高,但心气高傲,和周续之进行学术辩论。

周续之每解释一句话,总要引经据典,而颜延之却言简意赅,直指要害。宋武帝很高兴,让他详细解读儒家经典,颜延之条理清晰,见解独到,让众人敬佩不已。

颜延之对自己的文采十分自负,行事狂放,言语犀利,对位高权重的达官贵人不屑一顾,很多人不喜欢他。不久,颜延之被贬为地方官,上任途中,他经过陶渊明的家乡。

在此之前,两人便因为文名而相互仰慕,结为忘年之交,此刻相见,更是欢喜异常。颜延之经常去陶渊明家里喝酒,两个人每天作诗酬唱,探讨文学,抒发怀才不遇的悲愤之情。陶渊明去世后,颜延之悲痛欲绝,为他写下一篇祭文,怀念这位好友。

440年,已经名扬天下的颜延之被朝廷任命为专门负责文化教育的官员。颜延之在朝廷工作了十二年,除了工作以外,他的生活异常简朴,穿粗布衣服、吃粗粮,唯独

喜欢喝酒，每次喝酒都会非常放纵，做出种种狂浪不羁的事情，从来不在乎其他人的目光。

452年，六十九岁的颜延之请求退休，直到第二年，宋文帝才批准他的退休申请。

颜延之刚退休不久，宋文帝的儿子刘劭（shào）弑父自立，颜延之的儿子颜竣正在辅佐武陵王刘骏，准备讨伐刘劭。

颜竣写了一篇气势如虹的檄文，刘劭看到檄文后，非常生气，召颜延之进宫，把这篇檄文给他看。

颜延之说："这的确是我儿子写的文章。"刘劭问道："他这篇文章怎么写得如此不留余地？"颜延之答道："我是他的父亲，如今在陛下手里，他连自己的父亲都不在乎，自然也不在乎陛下了。"刘劭觉得有道理，又顾忌颜延之的名声，因此没有为难他。

三个月后，刘劭兵败被杀，宋孝武帝即位，颜延之有惊无险地度过人生中的最大危机，在京城过了三年逍遥自在的生活之后与世长辞，享年七十三岁。

历史上的颜延之和谢灵运齐名，当时人称"颜谢"。但两人的诗歌风格大不相同。

颜延之曾经询问大诗人鲍照，自己的诗歌和谢灵运的诗歌有什么区别，鲍照答道："谢灵运的诗歌像是一朵刚

南齐书·颜延之列传

刚盛开的芙蓉花,自然可爱,你的诗歌像是华丽的锦缎,满眼全是精心的雕琢。"颜延之听罢,一辈子都很反感这种说法。

经典原文与译文

【原文】常乘羸牛笨车,逢竣卤簿,即屏往道侧。又好骑马,遨游里巷,遇知旧辄据鞍索酒,得酒必颓然自得。常语竣曰:"平生不喜见要人,今不幸见汝。"竣起宅,谓曰:"善为之,无令后人笑汝拙也。"——摘自《宋书·卷七十三》

【译文】颜延之经常驾驶着用孱弱的牛拉的笨重车子,遇到了儿子颜竣手下的仪仗队,立刻遮住自己走到道路一侧。他还喜欢骑马,常骑马遨游在街道巷里,要是遇见了自己的旧相识,就坐在马鞍上要酒,得到了酒必定和顺自得。颜延之经常和自己的儿子颜竣说:"我平生就是不喜欢见到权贵,现在我真是不幸遇见了你。"颜竣要给自己盖房子,他对颜竣说:"好好干,不要让后世的人笑话你笨。"

行百里者半九十：走一百里路，哪怕走了九十里，也只是走了一半，比喻越到最后越困难。

布衣蔬食：穿着布衣，吃着粗粮，比喻生活清贫。

傍若无人：同旁若无人，好像旁边没有人一样，形容神情态度高傲自如。

才高八斗：斗，古代计量单位，十斗为一石。原形容曹植文才出众，天下文才总共一石，他一人独占八斗，比喻才学极高。

深沟高垒：挖掘很深的壕沟，建筑很高的壁垒，指加强防御工事。

南齐书

《南齐书》由南朝梁史学家萧子显撰写,共五十九卷,包括八卷本纪、十一卷志、四十卷列传,无表,是记载南朝萧齐的纪传体断代史。《南齐书》记载齐高帝登基到齐和帝禅位(479—502年)共二十三年的史事,是现存最早的关于南齐的断代史。《南齐书》文字简洁、文笔流畅、叙事完备,被后世称赞为"良史"。

萧子显(487—537年),字景阳,东海郡兰陵县(今山东省临沂市兰陵县)人,南朝梁史学家,齐高帝萧道成的孙子。

萧子显聪明好学,博学能文,喜欢喝酒、爱好山水,不惧鬼神,恃才傲物。萧齐灭亡时,萧子显年方十六岁,梁武帝萧衍亲自嘱托他要做梁朝的忠臣。萧子显便利用自己的才能,积极为梁朝政权服务,经梁武帝批准,他开始撰写《南齐书》。他以前朝宗室的身份修前朝正史,在二十四史中独此一家。

高帝本纪

> 萧道成（427—482年），字绍伯，小名斗将，祖籍东海郡兰陵县（今山东省临沂市兰陵县），生于晋陵郡武进县（今江苏省常州市武进区），西汉丞相萧何第二十四世孙，南齐开国皇帝，死后谥号高帝。

● 戎马一生的开国帝王

萧道成天资聪明，长相英武过人，十四岁时跟随父亲开始军旅生涯。萧道成逐渐积累了许多作战经验，成长为刘宋王朝的重要将领之一，屡次指挥军队平定内乱以及征伐各地。

当时，身为藩王的宋明帝为了自保，弑杀侄子皇帝刘子业后自立为帝，因为得位不正，分封在各地的刘子业众兄弟纷纷叛乱。

在关键时刻，宋明帝重用萧道成平叛，萧道成不负众望,与叛军前锋交战,一天之内击破十二座敌军营垒,很快平定了叛乱。

众藩王叛乱刚刚平定,镇守北部边境的将领薛安都因为曾经反对宋明帝,此时心怀疑虑,便发动叛乱。叛军控制刘宋王朝北部大片土地,宋明帝紧急命令萧道成平叛。

萧道成冷静分析局势,发现薛安都的侄子薛索儿带领的军队是叛乱主力,于是带兵与薛索儿对峙。萧道成先用奇兵击败薛索儿,然后修筑壁垒阻挡叛军的进攻。

面对敌人的不断挑战,萧道成非常镇定,在中军大营安坐,下令将士不要惊慌,等到叛军疲惫后,才大举进兵,一举击败了他们。

宋明帝鉴于各藩王屡屡反叛的教训,为了让自己的儿子将来不面对此种局面,开始对当初拥立自己的各位弟弟举起了屠刀,刘氏皇室子弟被屠戮殆尽。此时,萧道成凭借军功,逐渐崛起,成为统领刘宋王朝北方边境防务的重要将领。

宋明帝去世前,将萧道成调回朝廷,令其负责京城防务,并与其他几位将领共同执掌军机要务。宋明帝的儿子刘昱(yù)即位,是为宋废帝,由萧道成辅佐朝政。

宋废帝即位的第二年,他的叔叔桂阳王刘休范在寻阳城（今江西省九江市）起兵造反。

宋废帝立刻召集群臣商议对策，萧道成说："江州位于京城上游，刘休范一定会沿长江顺流而下，趁我们准备不足，直接进攻京城。我们必须做好防守，不要急于进攻。"

很多人反对固守，认为主动出击才能震慑叛军。萧道成斩钉截铁地说："平时我可以让着你们，现在国家危急，必须按照我的办法行事。"

宋废帝赞成萧道成的策略，让他统领各路兵马修建防御工事。工事还没有建好，叛军已经到了。萧道成知道这些人只是先头部队，不会贸然进攻。

为了安定军心，他脱掉衣服呼呼大睡，士兵们看到将军气定神闲，也就不再惊慌。

军心稳定之后，萧道成立刻调集各路军队，双方进行殊死搏斗，战斗异常惨烈。与此同时，萧道成找准机会，安排手下将领前去诈降，刘休范信以为真，对诈降将领不设防备，结果被杀。

刘休范死后，叛军失去主心骨，各路朝廷军队开始反击，最终平定叛乱。萧道成率领部队凯旋，都城的老百姓夹道欢迎，都说萧道成保住了国家。

平定刘休范叛乱后，萧道成权力更大，开始独掌朝

▲ 萧道成镇定指挥平叛

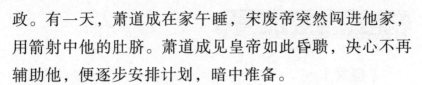

政。有一天,萧道成在家午睡,宋废帝突然闯进他家,用箭射中他的肚脐。萧道成见皇帝如此昏聩,决心不再辅助他,便逐步安排计划,暗中准备。

萧道成还没有实施自己的计划,宋废帝就被手下人杀死了。萧道成随即拥立宋顺帝,自己总揽朝政。随后,萧道成着手清除反对自己的朝臣,从此权势达到巅峰。

两年后,宋顺帝将皇位禅让给萧道成,萧道成改国号为齐,是为齐高帝。

齐高帝在位期间,废除了刘宋王朝后期存在的很多暴政。他厉行节约,减免税收,恢复生产,大力发展文化事业,老百姓得以安居乐业。

齐高帝经常说:"让我治理天下十年时间,我必定让黄金与泥土一样不值钱。"

齐高帝虽然戎马一生,但极富文采,擅长草书、隶书,而且很会下围棋,曾经写作两卷围棋著作传世,是有历史记载的第一位写作围棋著作的皇帝。

长时间的军旅生活让齐高帝的身体逐渐衰弱,即位仅三年便因病去世,终年五十六岁。

临死前,他还嘱托儿子一定要吸取刘宋王朝灭亡的教训,勤俭节约,宽厚治国。

经典原文与译文

【原文】 初,明帝遣张永、沈攸之以众喻降薛安都,谓太祖曰:"吾今因此北讨,卿意以为何如?"太祖对曰:"安都才识不足,狡猾有余。若长辔(pèi)缓御,则必遣子入朝;今以兵逼之,彼将惧而为计,恐非国之利也。"帝曰:"众军猛锐,何往不克!卿每杖策,幸勿多言。"安都见兵至,果引索虏,永等败于彭城。——摘自《南齐书·卷一》

【译文】 起初,宋明帝派遣张永、沈攸之带人传达皇帝口谕招降薛安都,对萧道成说:"现在我想借这个机会北伐,你觉得怎么样?"齐太祖萧道成回答道:"薛安都才能见识不够,却非常狡猾。若是放长缰绳驱使,慢慢驾驭,那么他肯定能派儿子前来朝拜;现在如果用军队逼迫他,他一定会害怕而有其他想法,恐怕对国家没有好处。"宋明帝说:"众军勇猛而富有锐气,战无不克,你向来顺从,希望不要多说话。"薛安都看到朝廷军队来了,果然招来北魏军队,张永等人兵败彭城郡(今江苏省徐州市)。

词语积累

鳏(guān)寡孤独：鳏，老而无妻；寡，老而无夫；孤，幼而无父；独，老而无子。指没有劳动能力、没有亲人依靠、需要照顾的人。

一语成谶(chèn)：谶，将要印证的预言。指无意之间不好的预言成真。

玉石俱焚：美玉和石头一起烧毁。比喻好的和坏的一起毁掉。

陈显达列传

> 陈显达（427—500年），彭城郡彭城县（今江苏省徐州市铜山区）人，南齐名将。

● 死于非命的独眼猛将

陈显达军旅出身，年轻时正值刘宋王朝统治较为安定的时期，只当了一个底层军官，没有找到建功立业的机会，提升非常缓慢。直到四十二岁，陈显达才因为军功，获得宋明帝的封赏，成为一名中层将领。

474年，陈显达在萧道成麾下，参加平定桂阳王刘休范叛乱。当时，刘休范虽然已死，但他手下将领依然拥兵自重，甚至一度接近宫城。

四十八岁的陈显达，努力抓住这次建功立业的机会，亲临前线，冒着箭雨，身先士卒，杀向叛军。士兵们军心振奋，无不奋勇争先，最终大获全胜。

▼ 陈显达折断箭身,继续作战

陈显达的左眼在战斗中被冷箭射中。为了不动摇军心，他折断了箭身，但箭镞却在眼睛里拔不出来。战斗结束后，陈显达伤势已经很重，一个巫医采用独门秘术取出箭镞，这才保留他的性命。

这一战让陈显达名声大振，一跃成为朝廷重要将领之一，负责广州、交州、越州（今广东省、广西省及越南北部地区）的军政事务。

477年，当时已经权倾天下的萧道成拥立宋顺帝，引起很多人不满。坐镇荆州的将领沈攸之自恃实力，起兵反对萧道成，国家面临四分五裂的危险。

陈显达坐拥三州，拥有很强的实力，他的选择决定了国家未来的走向。陈显达手下人劝说他和沈攸之一同反对萧道成。

陈显达冷静地分析局势，认为萧道成已经具备当皇帝的实力，便杀掉建言者，上奏章给齐高帝表示归附。陈显达的举措，让萧道成少了一个实力强劲的敌人，也为南齐王朝的建立打下坚实的基础。

两年后，齐高帝（萧道成）继位。他对陈显达非常感激，给予高官厚禄，对他说："你在万里之遥的地方选择归附我，这比灭国的功劳还要大，我们已经不只是君臣，而是家人了。"

齐高帝去世，他的儿子齐武帝继位，陈显达奉命统领益州（今四川省大部）。当时益州西南部聚集着大量少数民族，民风非常彪悍，不服从朝廷命令，成立了一个又一个独立王国。

陈显达上任后，派遣使者通知各部落缴纳钱粮赎罪。部落头领听到陈显达来了，嘲讽道："以前两个眼睛的官员来了都不敢调遣我，现在来了个一只眼睛，能拿我们怎么办。"说完，当场斩杀了使者。

面对这样的挑衅，陈显达没有生气，开始调遣军队，声称只为打猎，让对手放松了警惕。陈显达见时机成熟，暗中调动部队，突然发起进攻，一举歼灭了这个部落。

益州境内的少数民族听说此事，纷纷臣服，表示服从朝廷的管辖。陈显达在地方任职多年，凭借恩威并施的灵活手段，多次平定地方叛乱，立下赫赫战功。

484年，五十八岁的陈显达被调回中央。此前，齐高帝去世时，陈显达在外征战，这次回到朝廷，见到的却是齐武帝，不禁感慨万千，老泪纵横。齐武帝见陈显达如此眷念先帝，非常感动，更加信任陈显达。

此后陈显达多次以皇帝的名义东征西讨，成为南齐最核心的将领之一。随着年龄的增长，陈显达感觉到力不从心。他知道自己位高权重，一定会被嫉妒，因此为人处世越来越谦和低调。

陈显达经常对孩子们说:"我这辈子都没想过能达到如此地位,我已经很满足了,你们几个一定不能仗着富贵,欺负他人。务必要低调做人,那些奢侈品,都是大户人家才能拥有的,你们不要攀比。"

齐武帝死后,南齐政局陷入混乱,陈显达始终保持低调,同时支持当朝权臣萧鸾(luán),得以顺利渡过最动荡的一段时期。

萧鸾自立为帝,是为齐明帝,陈显达依然受到信任,被任命为北伐主帅,统领各路兵马。当时北方正值北魏孝文帝在位,国力很强,陈显达率领的北伐军惨败而归。

回到京城后,齐明帝已经去世,齐废帝继位。有官员提醒朝廷,要防范陈显达作乱,陈显达恐惧不安,多次主动请求辞职降职,齐废帝不同意。

陈显达又多次当面自贬,表示不愿留在京城,皇帝任命他为江州(今江西省大部)最高长官,陈显达很是高兴。

陈显达在江州做官期间,齐废帝大肆屠杀朝中旧臣,导致人人自危。陈显达不愿意看到南齐出现这样的局面,他写了一封公开信,痛斥皇帝屠杀功臣的行为,然后在寻阳城(今江西省九江市)起兵造反。

起初，陈显达凭借高明的军事指挥能力连战连捷，迅速逼进京城。在一次交战中，陈显达的兵器折断，撤退时被杀，终年七十四岁。他的儿子也全部被杀。

经典原文与译文

【原文】显达廉厚有智计，自以人微位重，每迁官，常有愧惧之色。有子十余人，诫之曰："我本志不及此，汝等勿以富贵陵人！"家既豪富，诸子与王敬则诸儿，并精车牛，丽服饰。显达谓其子曰："尘尾扇是王谢家物，汝不须捉此自逐。"——摘自《南齐书·卷二十六》

【译文】陈显达清廉敦厚、富有智谋，自认为身份低微却官职显赫，故每次升官时常常有愧疚害怕的神色。他有十几个儿子，他告诫他们说："以我本来的志向，从来没有想过会有如此地位，你们不要因为富贵而欺凌他人！"陈显达的家里已经非常富有，他的儿子和王敬则的孩子们都驾驶着豪华的牛车，穿着华丽衣服，他对他的儿子们说："尘尾扇这种东西是王家谢家这样的望族才能用的物品，你们不用互相攀比。"

不足为虑：比喻人或事影响不大，不值得忧虑。

择善而从：指采纳正确的意见或选择好的方法加以实行。

王僧虔列传

> 王僧虔（426—485年），字号不详，琅琊郡临沂县（今山东省临沂市）人，南朝著名书法家。

● 有长者之风的书法大家

王僧虔祖上是世家大族琅琊王氏，高祖父便是东晋名相王导。其祖辈、父辈都曾担任过高官，家世十分显赫。王僧虔从小聪明好学，精通文史、音乐，尤其酷爱书法艺术。

在王僧虔小的时候，他的父亲曾经举行家庭聚会，让王僧虔兄弟们随意游戏。这些孩子们有的来回跑跳，有的做起手工活，只有王僧虔在一个僻静的地方摆起棋谱，自得其乐地连下十二盘棋。他的伯父见他小小年纪就有如此的耐心和定力，非常惊讶地说："这个孩子将来一定能成为德高望重的长者。"

王僧虔长大后，凭借一手漂亮的隶书声名鹊起。宋文帝曾经看到王僧虔写在扇面上的书法作品，赞叹说："不但笔迹超过东晋书法家王献之，典雅的风度更胜一筹。"

宋孝武帝继位后，王僧虔在朝廷任职。宋孝武帝也喜欢书法，对自己的书法作品非常自负。王僧虔知道宋孝武帝嫉妒心很强，在每次给皇帝的上书中，故意把字写得很平庸，甚至创作的书法作品也平平无奇，没有了书法家的风范。

宋孝武帝看到王僧虔的书法作品，觉得他只是徒有虚名，便容留他在朝廷任职。王僧虔这种自保方式，让他的书法水平虽然很高，但流传到后世的书法作品名声不大，甚至在一些评论家眼中，王僧虔的作品只能算中上水平。

拙笔自保的王僧虔将自己对书法艺术的痴迷都倾注于书法理论的研究之中，写出《书赋》《论书》《笔意赞》等多篇文章，形成一套完整的书法理论。

王僧虔认为书法创造出完美的艺术形象，既要符合一定规则，又要有自然情感的流露。写一手好字，首先要努力学习和实践，形成书法特有的风骨，他称之为"力"，然后还要有想象力，要有美感，他称之为"媚"，只有两者结合，书法作品才能更好。

479年，萧道成称帝，是为齐高帝。齐高帝很喜欢书法，

▲ 王僧虔与齐高帝鉴赏书法

因此对王僧虔青睐有加。有一次，齐高帝和王僧虔比试完书法之后，问："我的水平和你相比，谁更高明？"

王僧虔回答道："臣的楷书天下第一，草书天下第二，陛下的楷书天下第二，草书天下第三，臣没有第三的作品，陛下没有第一的作品。"

齐高帝听到王僧虔的评价，一点也没生气，反而叫人找来十一幅古人的书帖，请教王僧虔这些书帖出自何人之手，君臣谈论书法作品的氛围十分融洽。

王僧虔对齐高帝的涵养非常敬佩，他发现齐高帝收藏的作品有所遗漏，便将自己在民间获得的十一幅书法家藏品一起献给了齐高帝。

齐武帝继位后，王僧虔年事已高，又患上重病，于是请求退休。齐武帝念在他德高望重，想要给予优厚的待遇。

王僧虔坚决辞让说："古代的君子不担心是否有高官厚禄，只担心自己德行是否有缺失，我这辈子享受国家的厚恩，没有什么功劳，怎么能再要这些？"

几年后，王僧虔寿终正寝，享年六十岁。王僧虔的书法理论对后世的书法艺术发展影响深远，现有书法作品《王琰帖》《御史帖》流传于世。

南齐书・王僧虔列传

经典原文与译文

【原文】郡县狱相承有上汤杀囚,僧虔上疏言之曰:"汤本以救疾,而实行冤暴,或以肆忿。若罪必入重,自有正刑;若去恶宜疾,则应先启。岂有死生大命,而潜制下邑。愚谓治下囚病,必先刺郡,求职司与医对共诊验;远县,家人省视,然后处理。可使死者不恨,生者无怨。"上纳其言。——摘自《南齐书・卷三十三》

【译文】地方郡县的监狱中一直以来都有用汤药杀囚犯的事情,王僧虔上书进言此事说:"汤药本来是为了医治疾病,如今用它施以暴行,甚至有人用来发泄私愤。如果有罪必须要施以重刑,自然有国法规定的刑罚,如果是为了尽快除去恶人,也应该先汇报。怎么能把生死这样的大事,让小地方私底下处理呢?臣蠢笨地以为治疗囚犯的病,一定要先汇报到州郡,请求州郡相关部门和医生一起诊断。对于偏远的县城,必须在囚犯家属看望囚犯之后,才能进行处理。这可以让死亡的人没有遗憾,活着的人没有怨恨。"皇帝听从了他的建议。

靡(mǐ)靡之音：靡靡，柔弱。让人精神萎靡不振的音乐，现泛指含有低级趣味、反映腐朽颓废情调的乐曲。

雅乐：雅，正。典雅纯正的音乐。指我国古代的传统宫廷音乐，常用于帝王朝贺、祭祀天地等大典礼。

竟陵文宣王子良列传

> 萧子良（460—494年），字云英，东海郡兰陵县（今山东省临沂市兰陵县）人，齐武帝的第二个儿子、竟陵文人集团的创始人，死后谥号文宣。

皇族中的文艺青年

萧子良自幼聪明。有一次，他的父亲齐武帝与他的母亲闹矛盾，派人把他的母亲送走。当时的萧子良还小，站在庭院前，显得很不高兴。

父亲问他为什么不去读书，他说："我娘现在在哪里？我读书还有什么用？"父亲感到很惊奇，马上追回了妻子。

齐高帝继位后，想革除刘宋王朝后期留下的弊病，减轻百姓负担。年仅十九岁的萧子良，深入各地实地考察，将存在的弊端整理出来，提出了很多合理的建议，得到齐高帝的认可。

二十四史马上读，语文历史都进步

　　482年，齐武帝继位，二十三岁的萧子良被封为竟陵王。当时的南齐正处于黄金时代，国家稳定，经济繁荣，百姓安居乐业。随之而来的便是文化的繁荣。萧子良精通经学、史学，尤其喜欢佛教，又爱好文学，为人温文尔雅，能够礼贤下士，与文人墨客交往频繁，很多人都以成为萧子良的宾客为荣。投靠他的人越来越多，逐渐形成了竟陵文人集团，其中的佼佼者有八个人，被后世称为"竟陵八友"。

　　以"竟陵八友"为核心的文人集团总共有八十多人，萧子良和他们一起吟诗作文，一边不断研究诗歌的写作技巧，

▼ 萧子良与文人墨客

南齐书·竟陵文宣王子良列传

创造出一种新诗体,强调诗歌的声韵格律。当时齐武帝的年号为永明,因此后世将这种新诗体命名为"永明体"。"永明体"的出现揭开了我国诗词新篇章,直接影响到唐朝格律诗的发展,成为一次被载入文学史的重要改革。

萧子良还与他们一起大力推动佛学研究,他们积极参与佛教活动,虔诚地相信佛教,同时吸纳玄学、儒学成果,促进了三教的融合。"竟陵八友"之一的萧衍就是一个佛学研究者,后来萧衍称帝,佛教在南朝迅速发展,甚至出现"南朝四百八十寺"的盛况,这在很大程度受到竟陵文人集团的影响。

萧子良虽然名声越来越大,但在生活中孝顺父亲,敬爱兄长。当时,萧子良的兄长是当朝太子,一样酷爱佛学,兄弟二人相处十分融洽。太子英年早逝,很多人认为萧子良会成为帝国的继承者。

齐武帝在命人整理太子遗物时,发现太子私自造了很多越礼的物品。齐武帝认为萧子良和太子关系密切,却没有及时汇报,因此对他有些不满,但依然保持信任。

齐武帝重病之时,命令萧子良带兵守卫皇宫。这样的安排,让群臣误以为齐武帝要立萧子良为接班人,但齐武帝在清醒之后,册立前太子的儿子萧昭业为帝,并命令太子府的军队替代萧子良的卫队,命令萧子良辅佐朝政。

错失皇位的萧子良不仅没有任何怨言,反而主动推辞掉辅政大权,但新皇帝却对萧子良产生怀疑,表面上对他十分尊重,暗地里却十分戒备。

一年之后,萧子良突发重病,不幸逝世,年仅三十五岁。皇帝听说萧子良病逝,心里非常高兴,为了避免天下人非议,写下一篇感人至深的诏书,表彰萧子良的功劳。

萧子良身为皇族,没有飞扬跋扈,反而与人为善,受到当时人们的拥戴。他召集的"竟陵八友",成为我国历史上最著名的文学团队之一,对后世有深远的影响。

经典原文与译文

【原文】世祖暴渐,内外惶惧,百僚皆已变服,物议疑立子良,俄顷而苏,问太孙所在,因召东宫器甲皆入。遗诏使子良辅政,高宗知尚书事。子良素仁厚,不乐世务,乃推高宗。诏云:"事无大小,悉与鸾参怀。"子良所志也。——摘自《南齐书·卷四十》

【译文】齐世祖突然病危,朝廷内外都惶恐不安,百官们都已经换上了丧服,很多人议论,怀疑皇帝准备册立萧子良为继承人。过了一会儿，皇帝清醒了，问皇太孙在哪里，因此召太子宫士兵们都进入皇宫。皇帝的遗诏命令萧子良辅佐国家事务，齐高宗萧鸾担任尚书令。萧子良一向仁慈敦厚，不喜欢忙碌世俗事务，于是推举萧鸾辅政。诏书上说："事情不分大小，都要和萧鸾一起讨论。"这是萧子良期望的结果。

事无大小：比喻事情不分大小。

礼贤下士：礼贤，尊敬贤者；下士，降低自己的身份去结交一般有才能的人。比喻帝王、大臣或社会地位较高的人敬重、结交有德有才的人。

永明体：永明，齐武帝的年号。永明年间出现的一种新诗体，要求严格四声八病之说，强调声韵格律，代表诗人有沈约、谢朓（tiǎo）。

谢朓列传

> 谢朓（464—499年），字玄晖，陈郡阳夏县（今河南省周口市太康县）人，南齐著名诗人，与"大谢"谢灵运同族，世称"小谢"。

● 精于五言的山水诗人

谢朓祖上是门阀大族陈郡谢氏，他的祖父和父亲都曾担任高官。虽然到了谢朓这一代，家族不像以前那样显赫，但也衣食无忧。谢朓从小十分好学，文章清丽优美，在当时名气很大。

十九岁时，谢朓凭借门第高贵，直接入仕，担任豫章王萧嶷（yí）的属官，随即进入竟陵王萧子良幕府，成为"竟陵八友"之一。谢朓的官位不高，工作也很清闲，于是他广泛结交志同道合的朋友，一起研究诗歌写作技巧。

谢朓跻身竟陵王文人集团，为开创"永明体"诗歌做

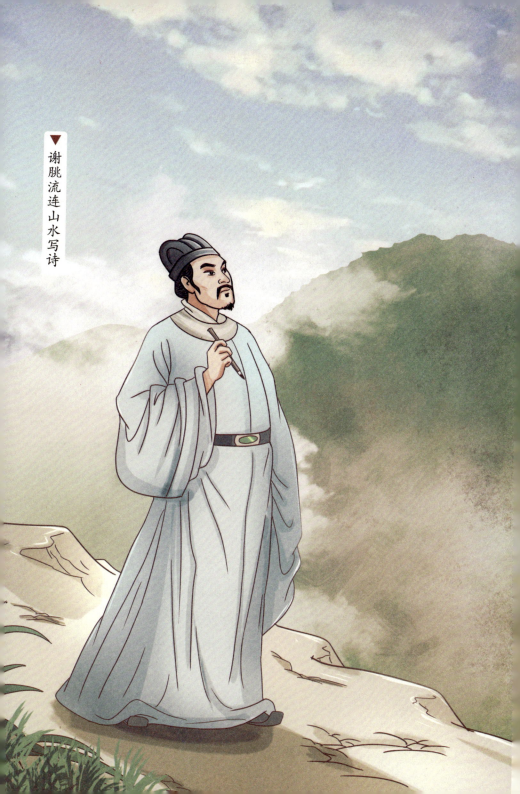

▼ 谢朓流连山水写诗

出了重要贡献，成为其中最重要的诗人之一。

此时的谢朓风华正茂，生活惬意，不曾经历什么挫折，因此诗歌题材比较狭窄，大部分都是游宴应酬之作，只有部分作品表现出一些生活气息。

几年之后，谢朓担任随王萧子隆的属官。萧子隆十分欣赏谢朓的才华，对他的礼遇很隆重。两人天天吟诗作对，不分日夜。有一个属官见谢朓如此被看重，心生嫉妒，在奏明齐武帝之后，将谢朓调回京城。

不久，齐武帝去世，南齐政权陷入残酷的内部争斗。谢朓长期与萧齐皇室成员来往，目睹了一系列血腥政变之后，心态发生了重大变化。

一方面，他舍不得放弃官位，另一方面，又想远离血腥的政治，于是产生了"仕隐"的想法。齐明帝即位，任命谢朓担任宣城郡（今安徽省宣城市）太守，谢朓得以实现仕隐的心愿。

谢朓对山水诗人谢灵运非常尊崇，在认真吸取谢灵运诗歌精华的同时，努力创造出自己独特的风格。

宣城郡位于今天安徽省的东南部，境内风景优美，谢朓流连山水，摒弃了谢灵运山水诗中的玄学内容，将诗歌写得平易近人，情真意切。无论题材上，还是写作技巧、表现手法、艺术成就上，谢朓都能够自成一家，达到了很高的境界，被誉为当时最优秀的诗人。

好友沈约读罢谢朓的诗歌，说："两百年来的诗歌，没有比谢朓更好的。"梁武帝萧衍也非常痴迷谢朓的诗歌，说："我如果三天不读谢朓的诗歌，就会觉得口臭。"因为谢朓最好的山水诗都是在宣城太守任上写出的，后世也称他为"谢宣城"。

两年后，齐明帝病重，开始猜忌屠戮旧臣，谢朓的岳父王敬则就在此列。王敬则感到害怕，准备造反。谢朓害怕被牵连，于是告发自己的岳父，受到齐明帝的封赏。

齐明帝的儿子萧宝卷继位后，南齐王朝的政局更加混乱。外戚江祏（shí）密谋废黜萧宝卷，想拉拢谢朓，谢朓拒绝，并泄露了此事。江祏恶人先告状，诬陷谢朓谋反。萧宝卷抓捕谢朓，谢朓不久后冤死在监狱里，年仅三十六岁。

经典原文与译文

【原文】朓初告王敬则，敬则女为朓妻，常怀刀欲报朓，朓不敢相见。及为吏部郎，沈昭略谓朓曰："卿人地之美，无忝（tiǎn）此职。但恨今日刑于寡妻。"朓临败叹曰：

"我不杀王公,王公由我而死。"——摘自《南齐书·卷四十七》

【译文】谢朓当初告发王敬则,王敬则的女儿是谢朓的妻子,经常怀揣着刀想要找谢朓报仇,谢朓不敢和妻子见面。等到谢朓担任吏部郎,沈昭略对谢朓说:"你的品学门第都很好,不会辱没这个职位,只可惜你如今要为你的妻子做示范。"谢朓临死前叹息道:"我没有杀我的岳父,但我的岳父因我而死。"

解褐(hè)入仕:褐,粗布衣服,古代平民百姓穿的衣服。脱掉平民衣服,准备做官。

刑于寡妻:刑,通"型",示范;寡妻,自己的妻子。给自己的妻子做示范。

祖冲之列传

> 祖冲之（429—500年），字文远，范阳郡蓟（jì）县（今河北省涞水县）人，我国著名的数学家、天文学家。

● 全能型的数学天才

  祖冲之的祖父曾经在刘宋朝廷担任大匠卿，掌管土木工程。他的父亲学识渊博，经常被邀请参加朝廷举行的典礼、盛会。祖冲之从小受到祖父和父亲的影响，对科学技术很感兴趣。他博览群书，尤其专注数学、天文学和机械制造。

  为了更好地学习，祖冲之将从古至今的各种古籍文献全部收集齐全，进行深入研究，并且亲自计算、测量，以确认古籍记载的准确性。

  当他发现有些观点与实际不符时，会想方设法求证，以获得更加准确的结果。因此，祖冲之在年轻的时候就拥有博学的名声。

宋孝武帝听说了祖冲之的名声，派他到图书馆与学术研究为一体的机构——华林学省从事研究工作，后来又到全国最高科研学术机构——总明观任职。

祖冲之因此阅读了很多国家藏书，进一步拓展了学术视野，为日后的学术研究奠定了良好的基础。

我国古代先民发现，太阳、月亮都环绕地球旋转，通过观测它们的运行规律，能够确定农时，进而制定历法，满足日常生活需要。天文学家通过观察，将太阳、月亮的运行轨迹假定为圆形，而要确定每天的运行位置，则要对这个圆进行分割，这便涉及圆周率的问题。

我国古代最重要的数学典籍《九章算术》首次提出圆周率是3；东汉科学家张衡算出圆周率是3.162，三国时的数学家王蕃算出来圆周率是3.155，魏晋时的数学家刘徽发明了"割圆法"，将圆周率确定为3.14。

祖冲之经过研究，认为刘徽的结果非常接近圆周率，"割圆法"也是解决问题最便捷的方法，于是进行了精密演算，将圆周率推演到小数点后第七位，确定圆周率为3.1415926～3.1415927。直到一千年之后，阿拉伯

▲ 祖冲之改进指南车

数学家才超越他。为了纪念祖冲之，人们将圆周率称为"祖率"。

对圆周率的深入研究，让祖冲之在历法编撰方面如虎添翼。祖冲之经过一系列缜密的计算，推演出一种更加先进的历法。他立刻上书皇帝，希望颁布新历法。

宋孝武帝非常感兴趣，命令所有研究历法的专家和祖冲之辩论。祖冲之有理有据，没有人能够驳倒他，但随着刘宋王朝的动荡，祖冲之的新历法被束之高阁，直到他死后十年才正式颁行。祖冲之编写历法的时间是宋孝武帝大明年间,所以后世称之为《大明历》。

《大明历》的无疾而终并没有打击祖冲之进行科学研究的积极性。他开始对机械制造产生浓厚的兴趣,将研究的重点放在"指南车"上。

指南车的主要功能是指示方向,这对于人们的出行有着极大的帮助,因此很多科学家都热衷于研究制造"指南车"。

宋武帝在北伐时曾经缴获一辆木制指南车,但其性能很差。祖冲之在此基础上制造出铜质指南车,其结构精巧,性能稳定,无论怎样转弯,指针始终指向南方。

此外,祖冲之还改进了水碓(duì)磨、木牛流马,制造千里船、定时器等,以求博得王公贵族的欢心。到了晚年,正值南齐统治后期,祖冲之又转变研究方向,注重社会科学,关心政治。

祖冲之特意写作《安边论》,向朝廷建议开垦荒地、发展农业、巩固边境。齐明帝认为他的提议有道理,让他巡行四方、大力推行,因为战乱不止,祖冲之的良好愿望无法实现。这时候的祖冲之已经年近七旬,体力和精力大不如前。几年后,祖冲之因病去世,享年七十二岁。

祖冲之曾将自己的数学研究成果写成《缀术》一书,到唐朝时,该书被列为指定的数学教材,并规定要学习四年。

据说，此书内容深奥，艰深难懂，无人能懂，到宋朝时慢慢就失传了。

祖冲之生不逢时，他的奇思妙想被贵族当成游戏，却很少普及民间。祖冲之的发明创造都没有留存下来。

但历史终究还是没有忘记这个伟大的科学家，月球上有一座环形山，被命名为"祖冲之山"，在遥远的宇宙中有一颗行星，被命名为"祖冲之星"，这是后人对祖冲之最真诚的纪念。

经典原文与译文

【原文】初，宋武平关中得姚兴指南车，有外形而无机巧，每行，使人于内转之。升明中，太祖辅政，使冲之追修古法。冲之改造铜机，圆转不穷，而司方如一，马均以来未有也。——摘自《南齐书·卷五十二》

【译文】起初，宋武帝平定关中得到后秦国主姚兴的指南车，它光有外形却没有里面的机关，每次运行时，必须要让人在里面转动。宋顺帝升明中期，齐太祖萧道成辅政，派祖冲之仿照古法重新制作。祖冲之将指南车改造为铜质机械，使之虽不停地旋转，但指针始终指向南方，自三国时代发明家马钧以来指南车从没有达到这种水平。

革新变旧：指更造新的，改变旧的。

司方：指南车的别称。有时用作动词，意为指示方向。

梁书

梁书

《梁书》由唐初史学家姚思廉撰写,共五十六卷,包括本纪六卷、列传五十卷,无表、无志,是记载南朝萧梁的纪传体断代史。《梁书》记载梁武帝萧衍建国至梁敬帝禅让(502—557年)共五十六年的史事。《梁书》有二十多卷的后论署有"陈吏部尚书姚察曰",说明这些内容出自姚察之手。姚思廉撰写《梁书》,除了继承父亲姚察的遗稿外,还参考吸取了梁、陈、隋历朝史家编撰梁史的成果,行文简洁,叙事周详,是难得的精品之作。

姚思廉(557—637年),字简之,一名简,字思廉,吴兴郡武康县(今浙江省湖州市德清县)人,唐朝初期著名史学家。

姚思廉的父亲姚察早年凭借文学著称,在陈朝负责修史。陈朝灭亡后,姚察奉隋文帝之令修撰《梁书》《陈书》,未竟而卒。姚思廉家学功底深厚,先后在陈朝、隋朝作官。姚察去世时,嘱托他完成未竟的事业。唐朝建立后,姚思廉成为秦王李世民的"十八学士"之一。唐太宗即位后,下诏令姚思廉继续修史,此时他已经七十多岁。姚思廉充分利用父亲的旧稿,加上多年的积累,自629年至636年,历时七年完成《梁书》《陈书》。姚思廉史学修养、文学才能兼具,主动继承司马迁、班固的文风与笔法,因此《梁书》《陈书》的质量较高。

梁武帝本纪

> 萧衍（464—549年），字叔达，小名练儿，南兰陵郡武进县（今江苏省丹阳市）人，西汉丞相萧何的后人，南梁开国皇帝，死后谥号武帝。

● 晚节不保的开国皇帝

萧衍的父亲是南齐开国皇帝萧道成的族弟萧顺之。萧衍生于秣（mò）陵县（今南京市江宁区），博学多才，能文能武，喜欢谋划策略，长大后受到当地名流的推崇。

他在将军王俭手下担任祭酒（类似秘书长）时，王俭对他十分器重，说："这个人三十岁之前，能当侍中，三十岁之后，贵不可言。"

南齐竟陵王萧子良广招天下英才，萧衍慕名而来，因为才学过人，逐渐成为核心成员"竟陵八友"之一。因为父亲萧顺之离世，萧衍辞官服丧三年，后来辅佐齐明帝萧

二十四史马上读，语文历史都进步

鸾继位，地位逐渐显赫。

495年，北魏孝文帝派将领侵袭义阳郡（今河南省信阳市），萧衍跟随南齐主力北上支援。当时北魏军队士气正盛，众将惧怕，不敢大举进兵。萧衍主动请缨，带领先锋部队连夜推进到距离敌军大营只有几里的地方，下令在一处高地驻扎，将军旗插遍山头。

北魏军队不知道萧衍带了多少人，不敢贸然进攻。第二天清晨，南齐将士看到援兵到了，军心大振，主动向城外敌军发起反击，萧衍率军夹击，击败北魏军队。萧衍在战争中崭露头角，受到朝廷重用。

两年后，北魏再次南侵，兵峰抵达雍州（今陕西、河南、湖北三省交界之地）治所襄阳（今湖北省襄阳市），萧衍奉命增援，在邓城（今襄阳市境内）被北魏数万骑兵包围。一名南齐主将私自逃跑，其他各将也纷纷撤退，敌军骑兵趁势冲击。在这危急关头，萧衍亲自上阵，杀死一百多名北魏骑兵，带领部队稳住阵脚，有条不紊地撤退。在这一战中，其他将领的部队都伤亡惨重，只有萧衍的部队没有损失。齐明帝因此任命萧衍担任雍州刺史，萧衍成为一方诸侯。

齐炀帝萧宝卷继位，为政残暴奢侈，各地诸侯开始心怀异心。齐炀帝重用萧衍的哥哥萧懿（yì）平叛，萧懿连续立下战功，反而引来齐炀帝的忌惮，最终被杀。此前，萧衍认为政出多门是国家内乱的前兆，劝说萧懿在自己驻地做官，以便兄弟之间能互相依靠，如果天下安定，就效忠朝廷，如果天下混乱，就除掉暴君。萧懿被弟弟大胆的想法吓得脸色都变了，没有同意。萧衍只得将两个弟弟带出国都，暗中打造兵器，准备船只，以应对突发情况。

齐炀帝对萧衍非常戒备，他命令官员带领三千兵马，以去地方任职为名，袭击萧衍。萧衍得知消息，巧用反间计，击败忠于齐炀帝的将领，谋划造反。501年年初，萧衍与南康王萧宝融合作，在襄阳起兵，向天下发布讨伐萧宝卷的檄文。在檄文中，萧衍历数萧宝卷的罪行，得到很多人的拥护。义军连战连捷，士气大振，萧衍借机在江陵（今湖北省荆州市）拥立萧宝融为帝，是为齐和帝。萧衍随后一路东进，占领了都城。

进入都城后，萧衍宣布为了吊民伐罪，只杀祸国殃民的乱臣贼子，不会波及他人。这种做法得到众人拥护，好友沈约建议萧衍自立为帝，萧衍认为时机不成熟，只是总揽朝政。第二年，齐和帝将皇位禅让给萧衍，萧衍改国号为梁，是为梁武帝。

梁武帝继位后，总结南齐灭亡的教训，要求各级官员必须节俭勤政，只有这样的官员才会得到提拔。梁武帝自己更是以身作则，每餐只吃蔬菜和豆类，经常因为处理奏章，忙到一天只吃一顿饭。梁武帝每天五更起床，无论冬夏，以至于在冬天冻裂了手指。

梁武帝认为民间的情况不能如实向上反映，国家就会失去控制，因此值得警惕，于是命人在皇宫大门前放置两个盒子，一个用石头做成，另一个用木头做成。如果有人觉得自己怀才不遇，可以在石头盒子里投放自荐信。如果有人想要提建议，可以将自己的建议投放到木盒子里。梁武帝的一系列政策让社会风气焕然一新，国力迅速恢复，不但国内百姓安居乐业，对外作战也多次取胜，甚至一度占领北魏都城洛阳（今河南省洛阳市）。

梁武帝年轻时精通棋道诗文，崇尚佛教。在他统治的中后期，四海承平日久，于是开始大肆兴建寺庙，对僧尼的待遇十分优厚。为了表达自己的虔诚，梁武帝先后四次皈依佛教。大臣们对皇帝的做法感到无奈，只好动用国库上亿的收入，"捐"给寺庙，"赎回"梁武帝。在梁武帝的支持下，佛教空前繁荣，南梁境内有数百座寺庙，每一座寺庙都极尽奢华。因为梁武帝全心修佛，不再关心国家大事，南梁王朝由盛转衰。

547年，东魏将领侯景叛逃，想要归附南梁。为了表达诚意，侯景将自己管辖的十三个州赠送给南梁。很多大

▼ 梁武帝舍身出家

臣认为侯景反复无常，不值得信任，但梁武帝却认为侯景深知敌国虚实，可以借助他的力量北伐，完成统一大业，于是接受了这个逃亡者，让侯景继续管理北方州郡。

第二年，南梁和东魏讲和。东魏要求遣送侯景，侯景听到消息，在寿阳（今安徽省寿县）起兵造反，一路南下攻破南梁都城，将梁武帝围困在宫城内，活活饿死，终年八十六岁。梁武帝死后，侯景之乱又经过三年才最终平定，南梁王朝从此一蹶不振，几年后被陈朝取代。

梁武帝在位四十八年，是整个南朝在位时间最长的君王。他在位前期，南梁呈现出一片欣欣向荣的景象，但在其执政中后期，国家逐渐衰落，弊病越积越多。梁武帝晚年决策失误，引发侯景之乱，导致自己死于非命。

经典原文与译文

【原文】慧景与高祖进行邓城，魏主帅十万余骑奄至。慧景失色，欲引退，高祖固止之，不从，乃狼狈自拔。魏骑乘之，于是大败。高祖独帅众拒战，杀数十百人，魏骑稍却，因得结阵断后，至夕得下船。慧景军死伤略尽，惟高祖全师而归。——摘自《梁书·卷一》

【译文】崔慧景和梁高祖萧衍带兵行进至邓城,北魏皇帝率领十多万骑兵突然到达。崔慧景吓得脸色大变,想要带兵退回,梁高祖坚决地阻止他,崔慧景没有听从,于是仓促退军,十分狼狈。北魏骑兵趁着混乱发起进攻,于是南齐军队大败。萧衍独自率领军队和北魏军队大战,杀死一百多名敌人,魏军骑兵稍稍退却,南齐军队因此得以结成军阵断后,到了傍晚才能够乘船退回。崔慧景的军队伤亡殆尽,只有萧衍的军队没有受到损失回到国内。

词语积累

贵不可言:形容人极其高贵,无法用语言来表达。

折鼎覆𫗧(sù):鼎,古代的炊具;𫗧,鼎内的食物。大鼎的腿折断后,里面的食物就会翻出来。比喻能力不能胜任,一定会坏事。

攻心为上:从思想上瓦解敌人的斗志才是上策。

昭明太子统列传

> 萧统（501—531 年），字德施，小字维摩，祖籍南兰陵郡兰陵县（今江苏省常州市），南梁宗室，文学家，死后谥号昭明。

德才兼备的贤明太子

萧统是梁武帝的长子，出生于襄阳（今湖北省襄阳市）。萧统出生的第二年，梁武帝登基，册立萧统为太子，萧统因为年纪太小，所以依旧住在皇宫中，直到六岁才搬进东宫居住。

萧统从小就非常聪明，三岁便学习《论语》《孝经》，能够流利地背诵"五经"。梁武帝曾经让他讲解《孝经》，萧统讲解得清晰明了，讲完后，又亲自祭奠至圣先师。

萧统十二岁时，看到官员审理案子，读过卷宗后，说："这些犯人情有可原，我可以审理吗？"法官看萧统年纪小,骗他说:"可以审理。"于是萧统从轻处理了犯人。

法官一时不知道如何收场,只得向梁武帝汇报。梁武帝知道后非常高兴,下令听从萧统的判决。从此以后,萧统经常旁听案件审判,遇到可以从轻发落的情况,法官都会让他判决。

萧统成年后知书达理,待人和善,十分孝顺,常常能够急人所难。每当国内发生灾害,萧统都会竭尽所能地帮助百姓。

梁武帝为萧统安排了数量繁多的政务,他都能认真对待,经常能发现大臣奏章中存在的不实之处,经过仔细推敲找到问题根源,然后向臣子说明,让他们修改,但从不因此非议大臣。因此,萧统的贤名传遍朝野。

萧统不好女乐,喜欢读书,东宫之中藏书接近三万卷,这是自东晋刘宋以来从来没有过的盛况。萧统在处理政务之余,经常和文人墨客游览山水风光,品读前人的名篇佳作。

有一次,萧统与众人游览山水,对美景大为赞赏,有人趁机提议,如果再有美女奏乐,一定非常应景。萧统没有反驳,只是吟诵了一句诗:"何必丝与竹,山水有清音。"那人觉得很惭愧,从此不再提这些。

522年,萧统的叔父始兴王萧憺(dàn)去世,按照当时通行的礼节,萧统无须穿丧服居丧,但萧统仔细研读古籍，发现古籍记载中有很多自相矛盾之处，现在的人不加辨识，以至于出现很多不符合礼节的行为。

萧统反驳了这些观点，认为应该穿着丧服为叔父居丧一个月才合乎礼节，于是将其定为常规。

526年，萧统的生母去世，萧统选好了一块墓地。下葬时，看风水的道士说，这块地对太子不好，需要在墓地里放一只蜡鹅才吉利。萧统自作主张，在墓室中放了一只蜡鹅，没有报告梁武帝。

有个太监因为不被萧统喜爱，便歪曲事实，报告梁武帝说太子在墓室中放蜡鹅诅咒皇帝。

梁武帝晚年多疑，下令彻查此事，宰相徐勉极力劝说，梁武帝才平息愤怒，将出主意的道士杀死，并逐渐疏远萧统。

丧母之痛再加上父亲的态度，让萧统异常悲愤。在守孝期间，他几乎吃不下饭。

梁武帝不得已，给他下了一道诏书说："虽然古代礼节规定守孝要十分悲哀，但在《礼记》中还有这样的说法，如果儿子因为过分悲伤而去世，不能为父母亲守孝三年，也是一种不孝。因此，不管你多么悲伤，都必须吃饭。"萧统只好每天靠喝粥维持生活。

被父亲疏远后，萧统深居简出，和身边的文人研究诗文，

▲ 萧统编撰《文选》

有了很多心得，于是组织众人编纂了一部《文选》。

这部书精选从先秦一直到南梁八百多年间一百多位作者的七百多篇文学作品，这些作品以辞赋和诗歌为主。这部书也收录了少量文采很好的赞文、书信、史论和铭文，而经、史、诸子不与焉。

萧统倾向于选择文采华丽、情感丰富、艺术水平很高的文章，有意识地把文学作品与学术著作、奏疏等应用性文章区分开，反映了文学作为独立门类开始出现。

因此，这部书在我国文学史上独树一帜，是第一部诗文总集。因为萧统死后谥号为昭明,后世又称这部书为《昭明文选》。

531年,萧统在后花园湖中采摘荷花,不幸落入水中,虽被救了上来,但身染重病。萧统知道自己很难康复,不忍心让父亲担心,每当梁武帝有事找他,即使病得再重,也会亲笔写奏章回复,并严禁手下人把病情告诉梁武帝。一个月后,萧统去世,年仅三十一岁。

在萧统葬礼当日,梁武帝扶着棺材痛哭,官员们唏嘘不止。都城的百姓纷纷来到东宫门口,为萧统送行,就连很多远在边境的将士,听说萧统去世,也十分悲痛。

经典原文与译文

【原文】太子自加元服,高祖便使省万机,内外百司奏事者填塞于前。太子明于庶事,纤毫必晓,每所奏有谬误及巧妄,皆即就辩析,示其可否,徐令改正,未尝弹纠一人。平断法狱,多所全宥(yòu),天下皆称仁。——摘自《梁书·卷八》

【译文】昭明太子萧统自从进行加冠礼之后,梁高祖

梁书·昭明太子统列传

就让他参与政务,朝廷内外各部门的奏事大臣在他面前站满了。昭明太子非常清楚各种政务,对细微的问题必定探究明白,每次发现奏报中的错误或者虚假,全都立刻辨别分析,告诉上奏的人是对是错,慢慢让他改正,从来没有弹劾过一个人。昭明太子公平地审判案件,经常从轻发落犯人,天下人都称赞昭明太子的仁爱。

万机: 各种重要事务。

暂劳永逸: 逸,安逸。一时的辛劳可以换来长久的安逸。

韦睿列传

> 韦睿（442—520年），字怀文，京兆郡杜陵县（今陕西省西安市东南）人，南梁名将。

● 用兵如神的良将

韦睿的先祖是西汉名相韦贤，世代都是三辅（今陕西省中部）地区的显赫家族。韦睿年少时侍奉继母，就以孝顺闻名，获得叔父韦祖征的器重。韦祖征把他当成亲儿子看待，到各地任职都会带上他。

有一次，韦祖征问韦睿对兄弟的看法，韦睿谦虚，不敢回答。韦祖征说："写文章，你不如兄弟，要说治国安邦，他们几个远不如你。"

刘宋末年，韦睿开始入仕为官；南齐建立后，他一直担任地方官，南齐末年，天下再次出现战乱，陈显达等南齐旧臣起兵反对齐炀帝萧宝卷，义军一度逼近都城。

梁书·韦睿列传

当时,韦睿在雍州(今陕西、河南、湖北三省交界之地)任职,雍州人找他商量何去何从,韦睿说:"陈显达虽然是名将,但治国安邦的才能不够,难成大器,能真正安定天下的人,恐怕在我们州里。"于是主动投靠当时担任雍州刺史的梁武帝,得到重用。

南梁建立后,韦睿被任命为豫州(今河南省大部)刺史,守卫边境。当时韦睿已经六十有余,加上身体不好,无法

▼ 韦睿坐在四轮车上指挥作战

骑马，便制作了一辆木制四轮车，坐在四轮车上指挥战斗，往往算无遗策。

韦睿为人宽厚，每次行军都要等到士兵们扎起营帐，他才回营休息，士兵们开始吃饭，他才吃饭。他将获得的战利品全部分给将士们，自己不留一文，因此深受众人拥戴。

505年，梁武帝以韦睿为主将，挥师北伐。梁军围困北魏要塞，久攻不下。韦睿亲自来到前线督战。这时，城中魏军突然出城列阵，众将都认为军队没有准备好，不能出战。

韦睿说："城中敌军不过两千人，这次出动几百人，肯定是他们的精锐，只要我们取胜，城池肯定能打下来。"于是下令进军，迅速击败了魏军。城中军心大乱，第二天城池就被攻破。大获全胜的韦睿，随后带兵进攻合肥（今安徽省合肥市）。

在韦睿之前，另一路梁军已经多次进攻合肥，但没有攻下，梁军士气十分低落。韦睿看到北魏军队在合肥城的东西两侧各筑一小城，立刻下令进攻小城，五万魏军前来支援，韦睿冷静指挥，大破魏军，梁军士气逐渐恢复。

韦睿观察周围地势后，下令在肥水修筑堤坝。城中守军知道韦睿想要用水灌城，派兵攻破梁军堡垒，杀死一千多人，冲向堤坝，想要将堤坝凿毁。众将看到敌军来势汹汹，建议退军。

韦睿大怒说:"兵败将死,有进无退。"然后亲自督战,击溃敌军。堤坝筑成后,梁军大船在水面畅通无阻,可以看到城中的一举一动,北魏的援军受阻,城中陷入绝望,很快就被攻破。

第二年,北魏调集主力部队,号称百万大军,围攻南梁重镇钟离(今安徽省凤阳县)。梁武帝急忙派曹景宗带领二十万大军支援,并命令韦睿随后增援,接受曹景宗节制。曹景宗贪功,没有等到韦睿到来,就向北魏进攻,军队受挫,双方陷入僵持。

韦睿手下的将领得知梁军失利,畏惧敌人强盛,劝说韦睿不要急于进军。韦睿知道钟离危在旦夕,带领精锐部队只用了十天就到达战场,和曹景宗会师,并连夜在距离魏军军营仅一百多步远的地方挖掘壕沟,构筑工事。

第二天早上,北魏将领发现韦睿的军队出现,大为吃惊,立刻发起进攻。韦睿坐在木车上,在箭雨中寸步不退,指挥军队和敌人大战数次,击退魏军。

正当双方僵持不下之时,淮水暴涨,韦睿派遣将领驾驶战船进攻北魏营地,梁军放火焚烧敌军的浮桥,随后组织敢死队向北魏主力发起猛攻,魏军大败,死者十多万人,沿淮河一百多里都布满了尸体,以至于堵塞了河道。

当时,北魏凭借迅疾的骑兵,经常在战场上获胜,南朝军队始终有着畏惧心理。钟离之战的胜利,成功阻遏了北魏对南梁的攻势,意义十分巨大。

韦睿屡次击溃敌军,让北魏军队十分惧怕,送给他一个绰号叫作"韦虎"。魏军只要听说是韦睿带兵,立刻退兵,不敢和他对抗。

韦睿镇守边境多年,对外威震敌国,对内则谦虚谨慎,待人温和有礼,得到人们的拥戴。随着年龄增长,韦睿请求退休,却被梁武帝拒绝。梁武帝给予韦睿很高的待遇,希望他可以继续为国效力。

520年,韦睿病逝于家中,享年七十九岁。韦睿作为南梁最著名的将领,获得后世的广泛认可。

毛主席曾熟读《韦睿传》,批注多达二十五处,对韦睿仁爱清廉的作风称赞有加,认为"我党干部应学韦睿作风",这无疑是对他的极高评价。

经典原文与译文

【原文】义兵檄至,睿率郡人伐竹为筏,倍道来赴,

梁书·韦睿列传

有众二千,马二百匹。高祖见睿甚悦,抚(fǔ)几曰:"他日见君之面,今日见君之心,吾事就矣。"——摘自《梁书·卷十二》

【译文】梁高祖萧衍起义的檄文传到韦睿这里,韦睿率领本郡人砍竹子作筏,兼程前来投奔,有两千多名部众、两百匹战马。梁高祖看到韦睿非常高兴,手按着案几说:"那次见到你的面容,今天看到你的真心,我的大事就要成功了。"

词语积累

骐骥(qí jì):千里马的别称。比喻人才。

凿穴而处,负户而汲:穴,土坑;处,户,门板;汲,在高处打水。挖土坑居住,背着门板挡箭汲水,形容时刻处于危机之中。

二十四史马上读，语文历史都进步

陈庆之列传

> 陈庆之（484—539年），字子云，义兴郡国山县（今江苏省宜兴市）人，南朝梁名将。

千军万马避白袍

陈庆之出身寒门，从小就是梁武帝手下的棋童。梁武帝非常喜欢围棋，经常下棋下到很晚。

其他人都受不了熬夜，偷偷跑回去休息，只有陈庆之每夜守在梁武帝身边，随叫随到，于是成为梁武帝最信任的下属之一。

梁武帝称帝后，陈庆之在朝中担任普通官员。他的志向远大，虽然官职低微，却散尽家财、招揽人才，希望有朝一日可以报效国家，但一连二十多年没有找到合适的机会。

524年，北魏的徐州（今江苏省徐州市）刺史元法

梁书·陈庆之列传

僧称帝,被北魏朝廷击败,想要投靠南梁,梁武帝派陈庆之带兵北上接应。

接回元法僧之后,陈庆之再次领兵两千,护送豫章王萧综前往徐州镇守,并击败前来阻击的魏军。

萧综本是齐炀帝萧宝卷的遗腹子,虽然梁武帝将他视若己出,但萧综心存不满。他抛弃部队投降北魏,失去主将的梁军四散奔逃,陈庆之当机立断,连夜带军退回,才避免全军覆没,让梁武帝刮目相看。

527年,陈庆之隶属将领曹仲宗进攻北魏战略要地涡阳(今安徽省亳州市涡阳县),久攻不下。

两军对峙了一年,双方都疲惫不堪。主将曹仲宗得知北魏军队正在梁军退路上建立营帐,害怕腹背受敌,决定退军。

陈庆之极力反对,说:"我们现在打了一年,耗费很大,众位将士疲惫不堪,可敌人同样疲惫。我们必须激发将士们的斗志,置之死地而后生,只要再拼死一战,就可以取胜。来的时候,陛下授予了密诏,如果退军,我就按密诏处理。"

曹仲宗佩服陈庆之的计策,命令他发动夜袭,连破魏军四座营寨,本已无心恋战的魏军全线溃退。涡阳城守将投降,梁军趁势又连破九座城池,取得最后的胜利。

此次大胜让梁武帝大为欣喜,他夸奖陈庆之说:"你不是名将之后，出身贫寒，却有如此本事，真是大丈夫！"陈庆之一举成名，成为梁武帝最信任的武将之一。

当年，北魏王朝发生内乱，北魏宗室元颢（hào）被迫投降梁朝避难，并请梁朝出兵支持他称帝。梁武帝认为这是北伐的大好时机，宣布支持元颢夺取皇位，派遣陈庆之带领七千精锐部队护送元颢北上。

北魏朝廷调集七万兵马阻击，陈庆之仅用半天时间就大破敌军，逼降魏军主帅。北魏济阴王得知魏军惨败，亲自带领两万兵马再次阻击，陈庆之连战连捷，活捉济阴王。

陈庆之的军队所向披靡，直逼北方重镇荥（xíng）阳（今河南省荥阳市）。魏军在荥阳驻扎了七万部队，借助坚固的防御工事阻挡陈庆之。与此同时，北魏各路援兵陆续来到，总计三十万人，合围梁军。

陈庆之的部队陷入重围。在危急时刻，陈庆之对将士们说："咱们北伐，杀了多少北魏士兵，已经和敌人结下血海深仇。如今我们身陷重围，要想活命，只能拼死攻下荥阳城。"陈庆之亲自擂鼓，梁军将士无不奋勇争先，以一敌十，最终攻破荥阳，击退北魏援兵。

攻破荥阳后，陈庆之马不停蹄地向北魏京城洛阳（今河南省洛阳市）进军，北魏孝庄帝大为惊恐，逃

▼ 陈庆之北伐北魏

到并州（今山西省太原市），其他北魏臣子被迫打开城门，迎接陈庆之和元颢。

陈庆之出兵之始，身穿白袍，骑白马，身先士卒，所向披靡，仅用一百四十天就占领了洛阳。他先后打了四十七场战斗，攻破三十二座城池，魏军见到白袍将军陈庆之，无不望风而逃。从此洛阳有了一句童谣："名师大将莫自牢，千军万马避白袍。"

元颢在陈庆之的帮助下，当上了北魏的皇帝。此时，北魏大将尔朱荣与北魏孝庄帝合并一处，发起反击。元颢大败，主力四散奔逃。

陈庆之见到元颢失败，带领梁军且战且退，在退回南梁的路上遇到洪水，几乎全军覆没，陈庆之不得不假扮和尚逃回南梁。

这次北伐虽然失败，但梁武帝并没有处罚陈庆之，反而更加信任他。

陈庆之多次以皇帝的名义巡视地方，带兵打仗，对内平定叛乱，对外击溃敌国入侵，立下赫赫战功。

539 年，陈庆之病逝，终年五十六岁。陈庆之虽然出身低微，但心怀大志，为人清廉，善待士卒，智勇双全，受到士兵们的爱戴，是我国历史上著名的儒将。

经典原文与译文

【原文】魏遣征南将军常山王元昭等率马步十五万来援,前军至驼涧,去涡阳四十里。庆之欲逆战,韦放以贼之前锋必是轻锐,与战若捷,不足为功,如其不利,沮我军势,兵法所谓以逸待劳,不如勿击。庆之曰:"魏人远来,皆已疲倦,去我既远,必不见疑,及其未集,须挫其气,出其不意,必无不败之理。且闻虏所据营,林木甚盛,必不夜出。诸君若疑惑,庆之请独取之。"——摘自《梁书·卷三十二》

【译文】北魏派遣征南将军常山王元昭等人率领十五万骑兵、步兵前来支援,前军到达驼涧,距离涡阳四十里。陈庆之想要迎战,将领韦放认为敌军的前锋一定是轻装精锐,和他们交战如果取胜,不算是大功,如果失败,会让我军士气受挫,兵法说以逸待劳,不如不要攻击。陈庆之说:"北魏军队从远处来,都已经疲惫,离我又远,一定不会被怀疑,趁他们还没有集聚,必须挫折他们的锐气,出其不意,敌军必定没有不败的道理。而且我听说敌人安营的地方,林木非常繁盛,敌人必然不会在夜里出动。各位若是有疑惑,我请求独自攻打他们。"

词语积累

安不忘危：安全的时候不要忘记危难。指时刻提高警惕，谨慎小心。

功高不赏：指功劳极大，无法赏赐。

旗鼓相望：望，看见。旌旗和战鼓相互能看见，形容军队队列长，威武雄壮。

王僧辩列传

> 王僧辩（？—555年），字君才，太原郡祁县（今山西省祁县）人，南朝梁名将。

● 摇摆不定的平乱名将

王僧辩的父亲王神念本为北魏将领，后来投降南梁。王僧辩跟从父亲南下，一直追随湘东王萧绎在各地就职，多次立下军功，深受萧绎信任。

548年，侯景之乱爆发，当时，萧绎驻守江陵（今湖北省荆州市），派遣王僧辩带领一万军队押运粮草支援京城建康（今江苏省南京市）。

王僧辩的部队刚到，宫城已被攻陷，梁武帝也蒙难而死。王僧辩不得已而投降侯景，军队和粮草都被侯景占有。取得侯景的信任之后，王僧辩找到机会，离开都城回到萧绎身边。

面对当前的局面，梁朝的各位藩王各自为政，都想趁机称帝，萧绎也不例外。

在各位藩王中，萧绎的侄子萧誉最为强大。萧誉驻扎在湘州（今湖南省大部），和萧绎关系非常紧张，萧绎决定先翦（jiǎn）除萧誉，然后平定侯景之乱。王僧辩认为军队还没有集结完毕，反对出兵。他和大将鲍泉商议，决定一起劝说萧绎。

萧绎猜忌心很强，听到王僧辩的劝谏，不禁大怒，将宝剑拍在桌子上，转身回到内室。鲍泉吓得不敢说话，王僧辩坚持据理力争。

萧绎误认为王僧辩害怕敌人，非常生气，不但挥刀砍伤了王僧辩，还将他关了起来，随后派遣鲍泉进攻萧誉。这时候，岳阳王萧詧（chá）支持萧誉，发兵进攻江陵，人心开始浮动。

萧绎不得不启用王僧辩，击退萧詧。与此同时，鲍泉久攻湘州不下，萧绎命令王僧辩接替鲍泉，王僧辩很快就占领了湘州。

萧绎的实力大增，引起侯景的注意。不久，侯景亲自带领主力部队向萧绎发起猛攻，连续占领许多城池，直抵巴陵城（今湖南省岳阳市）。萧绎派王僧辩带兵驻守巴陵，和侯景对峙。

侯景想劝降他,王僧辩不应答,派兵加强防守,与侯景对峙。侯景不敢长期逗留,连续攻城,但每次均被王僧辩破解。侯景久攻不下,损失惨重,只得烧毁自己的营帐,连夜撤退。

巴陵防御战取胜后,王僧辩在萧绎的授意下带兵东征,连战连捷,又与另一路平叛军队陈霸先会师,共同讨伐侯景。

平叛军队实力大增,一路东进,逼近建康城,侯景率领主力部队出城迎战,大败而逃。京城守将见侯景兵败,开城投降。王僧辩占领京城后,派遣将领扫平侯景的残余势力,最终平定了侯景之乱,拥立萧绎在江陵称帝,是为梁元帝。王僧辩因功劳最大,受到梁元帝重用。

虽然侯景之乱被平定,但各地依然叛乱不断,王僧辩奉命先平定国内叛乱,又带兵击败北齐的侵犯,逐渐稳定了混乱局面。

554年十月,西魏趁着梁军主力在建康之时,突然向梁元帝所在的江陵发起进攻,梁元帝命令王僧辩带兵支援。王僧辩错误判断了形势,认为西魏军队远道而来,一定疲惫不堪,如果不直接救援江陵,而是北上切断西魏军队的后路,用"围魏救赵"之计,一定可以大获全胜。但王僧辩还没有来得及执行自己的战略意图,江陵即失守,

▲ 王僧辩被陈霸先俘虏

梁元帝被杀。

梁元帝死后,远在建康的王僧辩与陈霸先商议,拥立他的儿子萧方智为梁王,暂时以皇帝的名义发号施令。北齐文宣帝得知萧方智只是一个小孩子,想要扶植流落到北齐的南梁宗室贞阳侯萧渊明为皇帝。

文宣帝暗中给王僧辩写了一封信,希望可以得到他的支持,并且派军队护送萧渊明回国。王僧辩知道文宣帝的祸心,拒绝了他,派兵阻止,却被北齐军队击败。面对强大的北齐军队,王僧辩产生动摇,暗中联络萧渊明,并要求立萧方智为太子。萧渊明同意了王僧辩的请求，王僧辩于是拥立萧渊明为帝，是为梁闵帝。

王僧辩勾结北齐的行为激怒了陈霸先。陈霸先在京口（今江苏省镇江市）起兵，奇袭建康。王僧辩措手不及，没等到组织军队反击，就被陈霸先俘虏。

陈霸先看着昔日的战友，非常生气地问道："我和你有什么仇怨，你要和北齐军队勾结在一起来对付我？"当夜处死了王僧辩。

王僧辩富有军事才能，平定侯景之乱，立下大功，但他面对北齐的威胁，没有找到妥善的解决之道，反而摇摆不定，最终死于非命。

经典原文与译文

【原文】僧辩与其子颁（wěi）遽（jù）走出阁，左右心腹尚数十人。众军悉至，僧辩计无所出，乃据南门楼乞命拜请。霸先因命纵火焚之，方共颁下就执。霸先曰："我有何辜，公欲与齐师赐讨。"又曰："何意全无防备。"僧辩曰："委公北门，何谓无备。"尔夜斩之。——摘自《梁书·卷四十五》

【译文】王僧辩和他的儿子王颁快速跑出阁楼,身边的心腹还有几十个人。陈霸先的军队全都来到,王僧辩无计可施,于是占据南门楼拜见陈霸先祈求活命。陈霸先趁机命令军士用火焚烧南门楼,王僧辩这才和王颁下楼被抓。陈霸先说:"我犯了什么错,你要和北齐军队一起讨伐我?"又说:"为什么你毫无防备?"王僧辩说:"委任你守卫北门,怎么能说没有防备。"当晚陈霸先将王僧辩斩杀。

功盖天下:盖,压过,超过。指功劳天下第一。

同心协力:为了共同的目标统一思想,一起努力。

泣下沾襟:襟,衣襟。泪水滚滚而下,沾湿了衣襟。形容哭得很伤心。

范缜列传

> 范缜(约450—515年),字子真,祖籍南乡郡舞阴县(今河南省泌阳县),南朝著名唯物主义思想家、文学家。

● "无神论"的无畏斗士

范缜自幼丧父,家境贫寒,与母亲相依为命,十分孝顺。十多岁时,沛郡(今安徽省宿州市)有一个大儒讲学,范缜慕名前往拜师。

大儒见年少的范缜勤奋好学,善于独立思考,非常惊讶,觉得他是个可造之才,十分看重,并亲自为范缜进行加冠礼。这位大儒的很多学生都来自富家贵族,经常坐着马车来上课,唯有范缜穿着粗布衣裳步行上学,但他从来不自卑,养成了倔强耿直、不屈于权贵的性格。

范缜长大后在南齐为官,当时南齐和北魏关系缓和,开始进行和亲。范缜多次跟随和亲队伍出访北魏，因为学识渊博，在北魏和南齐都有很大名气，从而进入竟陵王萧子良的文人集团。

当时，佛教非常盛行，出家为僧为尼的人越来越多。范缜觉得那些佛教徒打着佛教旗号，不耕田，不生产，依靠人们的施舍和国家的扶持生活，最终会让人们变得好吃懒做，对国家产生不利影响，因此极力反对佛家学说。

范缜的观点让信奉佛教的萧子良十分不满。萧子良质问范缜："如果说世界上没有因果报应，为什么会有富贵和贫贱之分？"

范缜回答道："譬如一棵树，开出的花都是一样的，风吹花落，有的花瓣飘落到华美的席子之上，有的花瓣落在了粪坑边上。殿下就是落在华美席子上的花瓣，而我就是落在粪坑边上的花瓣，哪里有什么因果。"萧子良听到这话，非常生气，命令手下人反驳范缜，但没有一个人可以驳倒他。

范缜的言论在当时不被人们认可，他又不愿意妥协，便将自己的理论进行系统的总结，写成《神灭论》一文。

范缜提出"形体就是灵魂，灵魂也是形体，形体和灵魂本为一体，形体腐朽则灵魂消灭"，这一理论不但打破了佛家因果轮回说，也动摇了儒家祭祀祖先的理论基础，引起轩然大波。

佛教徒纷纷攻击《神灭论》，一些儒家人士也对范缜颇为不满。一个儒家学者说："你若说人死后没有灵魂，那人们为什么要祭奠先祖？"范缜回答道："祭奠先祖不是为了先祖，而是为了让后人有心理安慰。"

南齐末年，范缜出任地方官，因为母亲去世，辞官回家为母亲守丧。梁武帝带领义军进攻齐炀帝萧宝卷，路过范缜的老家，范缜服丧期未满，身穿丧服迎接梁武帝。梁武帝在萧子良的幕府就认识范缜，再次看到他非常高兴。

梁武帝称帝后，先委任范缜担任郡守，任期满后提拔他担任京官。范缜回京之前，将所有财产赠予好友王亮，王亮曾经对梁武帝不敬。

因为此事的牵连，范缜不仅没当成京官，反而被贬到广州（今广东省大部）。期间，他进一步完善《神灭论》，修订成稿件，在亲友之间流传。

三年后，范缜被调回京城，担任清闲文官。当时，在梁武帝的支持下，佛教越来越盛行，但范缜的反佛态度一点没有改变。

梁武帝对范缜的观点非常不满，又无法让他屈服，于是颁布了一道诏书，名为《敕答臣下神灭论》，让众人都来反驳范缜。

  一时之间,有六十人响应梁武帝的号召,他们均是达官贵人、知名学者、各寺名僧,范缜不甘示弱,和他们展开大辩论。他凭借渊博的学识、敏捷的思路,一天之内让许多反驳他的人哑口无言。

  虽然范缜在论战中大获全胜,但他的仕途也因此终结,《神灭论》在南梁时期被当成禁书,严禁阅读传播。几年后,范缜因病去世,终年六十多岁。

▼ 范缜与众人大辩论

《神灭论》坚持物质第一性的原则,系统阐述了"无神论"思想,在我国思想史上具有划时代的意义。

范缜坚持唯物主义与捍卫真理、勇于斗争的精神,对后世产生了深远影响。

经典原文与译文

【原文】初,缜在齐世,尝侍竟陵王子良。子良精信释教,而缜盛称无佛。子良问曰:"君不信因果,世间何得有富贵,何得有贱贫?"缜答曰:"人之生譬如一树花,同发一枝,俱开一蒂,随风而堕,自有拂帘幌坠于茵席之上,自有关篱墙落于粪溷(hùn)之侧。坠茵席者,殿下是也;落粪溷者,下官是也。贵贱虽复殊途,因果竟在何处?"子良不能屈,深怪之。——摘自《梁书·卷四十八》

【译文】当初,范缜在南齐,曾经侍奉竟陵王萧子良。萧子良专心信奉佛教,但范缜坚持说没有佛。萧子良问道:"你不相信因果,世间为什么有富贵,又为什么有贫贱?"范缜回答道:"人生下来像是一树的鲜花,都

在同样的树枝上长出,都在同样的花骨朵上开放,随着风向下落,自然会有花拂过窗帘落在草席上,自然会有花沿着篱笆墙落到粪坑边上。落到草席上的,就是殿下,落在粪坑边上的,就是下官。富贵和贫贱虽然是不同的道路,但因果到底在哪里呢?"萧子良不能让范缜屈服,十分责怪他。

是非之心:是,正确;非,错误。指明辨是非得失的能力。

形神合一:形,形体;神,精神。指人的生理和心理、精神和物质、本质和现象相互统一。

刘勰列传

> 刘勰(约465年—？)，字彦和，祖籍东莞郡莒(jǔ)县(今山东省莒县)，南梁著名佛学家、文学评论家。

信奉佛教的文学理论家

刘勰(xié)在很小的时候就成了孤儿，因为家境贫困，只能寄宿在定林寺(今山东省日照市境内)中。他勤奋好学，在寺庙生活的十几年里，不但阅读了很多经典文章，还精通佛理，经常为寺院整理经文，撰写碑文。

刘勰三十岁时，有一天他做了一个梦，梦见自己来到春秋时期，手捧精美的朱漆盒子，跟着圣人孔子学习。

醒来后，刘勰非常惊喜，认为这是孔圣人给自己指点未来，从此便有了更高的追求，希望通过努力，传播圣人的思想。

刘勰在三十二岁的时候开始撰写一部文学评论专著，

历时五年写成,取名《文心雕龙》。全书一共十卷,分为上、下两部,每部二十五篇,共五十篇。书中以孔子的思想为核心全面总结了南梁以前的美学成果,详细论述了文学审美的本质,以及创作、鉴赏的美学规律,是我国历史上第一部有严密体系的文学理论专著。

《文心雕龙》问世后,并没有引起轩然大波,甚至无人问津。刘勰想了一个办法,独自拉着一辆车,装扮成街头商贩,把写好的《文心雕龙》背在身上,专等大诗人沈约路过。沈约是梁武帝的心腹重臣,文坛巨擘(bò),刘勰希望通过沈约,让自己的文章流传于世。沈约看到此书,大为赞赏,把《文心雕龙》放在桌案上,每天阅读,刘勰因此名声大噪。

南梁时期,刘勰迎来了仕途生涯,无论在朝廷为官还是担任地方官,都政绩斐然。

梁武帝信奉佛教,对精通佛学理论的刘勰非常器重,经常让他撰写寺院的碑文。刘勰也对佛教信仰越来越虔诚,希望可以皈依佛门。有一次,梁武帝命令刘勰和高僧慧震一起在定林寺撰写佛经。佛经撰写完毕后,刘勰请求出家为僧,梁武帝不同意,为了表明心志,刘勰烧掉了自己的头发,梁武帝只好答应。

刘勰如愿以偿在定林寺落发为僧,法号慧地,从此

▲ 刘勰带着《文心雕龙》拜会沈约论

与青灯古佛为伴，逐渐淡出人们的视野，谁也不知道他是什么时候圆寂的。

经典原文与译文

【原文】既成，未为时流所称。勰自重其文，欲取定于沈约。约时贵盛，无由自达，乃负其书，候约出，干之于车前，状若货鬻（yù）者。约便命取读，大重之，谓为

深得文理,常陈诸几案。——摘自《梁书·卷五十》

【译文】《文心雕龙》写成之后,不被当时的舆论称赞。刘勰对自己的文章非常重视,想要请沈约裁定。沈约当时高贵显赫,刘勰没有办法接近他,于是自己背着书,等待沈约出门,在沈约的车前请求,样子好像卖货的人。沈约于是让人取来阅读,读后非常重视这本书,认为对文理有很深的理解,经常把这本书放在案头。

出类拔萃:类,同类;萃,聚集。超越那一类,超过那一群。比喻人的才德超出其他人。

金石之坚:像金属和石头那样坚硬。比喻极为坚硬或强固。

不可胜数:胜,尽。形容数量多,数不过来。

梁书·陶弘景列传

陶弘景列传

> 陶弘景（456—536年），字通明，自号华阳隐居，丹阳郡秣（mò）陵县（今江苏省南京市江宁区）人，南朝著名道教学者、炼丹家、医药学家。

● 一心向道的"山中宰相"

陶弘景的母亲曾经梦见一条青龙从她的怀里冲了出来，两个神仙手捧着香炉来到家里。陶弘景的母亲从睡梦中惊醒，很快便怀有身孕。

陶弘景十岁的时候，偶然得到前代道士葛洪创作的《神仙传》，非常高兴，每日研读，有了修道养生的想法。他对别人说："我现在看到青天和白云，已经不觉得它们有多么遥远了。"陶弘景在十五岁时写作《寻山志》一文，向往隐居生活。

陶弘景长大后，身材高大，相貌不凡，饱读诗书，能写一手漂亮的字。他在二十岁时就被当时权倾朝野的齐高帝看重,推荐为皇子的伴读大臣,并且协助皇帝处理政务。

陶弘景能力出众,低调谦恭,经常足不出户,就能对朝中大事做出决策。

492年,三十七岁的陶弘景向皇帝提出辞职申请,得到批准。他离开都城时,前来送行的达官贵人络绎不绝,车马堵住了道路,朝野从来没见过如此盛况,众人都以此为荣。

辞官后,陶弘景开始四处游历,访问世外高人,成为道士孙游岳的徒弟,走上了修道之路,他向孙游岳学习道教中符咒之术和道家典籍,并选择在茅山(今江苏省常州市境内)隐居,自号"华阳隐居"。

当时的茅山是道教上清派的重要道场,作为上清派的传人,陶弘景在茅山大力发扬上清派的教义,创建了茅山宗。

陶弘景的道家思想,源于先秦时代的老庄和东晋道士葛洪。陶弘景研究上清派的学术经典,融合儒家、佛教的思想精华,认为理念虽然很多,但没有跳出三教的范畴,因此主张三教合流。

在茅山隐居期间,陶弘景编撰《真灵位业图》,形成道家独有的神仙体系,又创作出很多道教经典,成为我国道教文化宝贵的精神财富。

陶弘景还对丹药有极浓厚的兴趣,整理批注《神农百草经》,编纂出七卷《本草经集注》,记载了多达七百余种药物,并不断进行炼丹试验。

当时,梁武帝正准备称帝,还没有确定国号。陶弘景根据道家经典,发现京城里很多地方纹路呈现出"梁"字,于是上报梁武帝。梁武帝非常高兴,定国号为梁。

梁武帝知道陶弘景有才能,希望他能够协助治理国家,于是不遗余力地赞助陶弘景的研究工作,赠送了黄金、雄黄、朱砂、曾青等大量珍贵原料。

虽然陶弘景没有炼出仙丹,但也推动了我国科技的发展,后来的火药发明也源于炼丹技术的发展。

梁武帝不遗余力地支持,陶弘景也投桃报李。他虽然依然在山中修行,但如果梁武帝有什么问题需要请教,他都会尽力答复。

于是,茅山下朝廷的冠盖车马络绎不绝,梁武帝和陶弘景的书信交往也非常频繁。当时人们都说陶弘景是"山中宰相"。

536年,八十一岁的陶弘景去世。他死后,容颜依然像壮年一样,没有衰老,身体没有僵硬,依然如同常人一样伸展自如。梁武帝非常惊奇,赠予谥号贞白先生。

陶弘景虽然有济世的大才,却一心向道,终生坚守,

▼ 山中宰相陶弘景

成为我国道教史上最重要的人物之一，他创立的茅山宗成为道教的代表宗派之一，人才辈出，是中华文化不可缺少的一部分。

经典原文与译文

【原文】永元初，更筑三层楼，弘景处其上，弟子居其中，宾客至其下，与物遂绝，唯一家僮得侍其旁。特爱松风，每闻其响，欣然为乐。有时独游泉石，望见者以为仙人。性好著述，尚奇异，顾惜光景，老而弥笃。——摘自《梁书·卷五十一》

【译文】南齐废帝永元初年，又建造三层楼，陶弘景住在最上面，徒弟住在中间，拜访的宾客来到最下层，于是陶弘景和世俗事物断绝，只有一个家童可以在他旁边侍奉。陶弘景特别喜欢听松林的风，每次听到松声，都感到十分愉快。有时候他一个人游览泉水山石，看到他的人以为遇见了神仙。他生性喜欢著书立说，崇尚奇异的事情。他珍惜时间，越老越坚定。

心如明镜：内心如同明镜，没有杂念。比喻对人非常坦荡，就像光洁干净的镜子。

冠盖相望：冠盖，官员的帽子和车盖。指朝廷的使节或者官员来往不断。

侯景列传

> 侯景（503—552年），字万景，羯族，朔方郡（今内蒙古自治区河套地区）人，南北朝著名枭雄。

● 南梁王朝的掘墓人

侯景年少时骁勇好斗，为祸乡里，后来因为臂力过人，善于骑马射箭，成为北魏边境的一名戍兵，凭借战功慢慢升迁。

北魏末年，朝政黑暗，负责防守边疆的六个军镇发生兵变，北方陷入混乱。兵荒马乱之中，侯景逐渐拥有了自己的势力，静观其变之后，他投靠了北魏权臣尔朱荣，慢慢成为尔朱荣最信任的将领之一。

尔朱荣死后，北魏分裂为东魏、西魏，侯景选择投靠东魏权臣高欢。侯景虽暴虐好杀，但每次抢夺财物后都会分给将士们,在军中威信很高。侯景经常打胜仗,因为正值用人之际,高欢为了拉拢侯景,让他独立治理河南地区。

虽然高欢认可侯景带兵打仗的能力,但对侯景的反复无常非常不满,临终时叮嘱儿子高澄,一定要防备侯景。

高欢死后,高澄召侯景回朝,想要杀死他。侯景得知消息,拒绝回去。他私自向梁武帝上表,愿意带着十三个州的土地归降,梁武帝也想借助侯景的力量北伐,于是下令收留侯景,让他驻扎在寿阳城(今安徽省寿县),给予很高的礼遇。

侯景得到喘息的机会,开始扩充势力。他抢夺地方百姓的妻子女儿,许配给自己的士兵;向南梁索要布匹制作军装;又以南梁配发的兵器质量不高为名,请求自行打造兵器。对于侯景各种过分的要求,梁武帝都答应了。

在梁武帝的纵容下,经过几个月的准备,侯景的军队兵强马壮。后来,梁军北伐失利,贞阳侯萧渊明被东魏俘虏。东魏主动提出讲和,但要求南梁交出侯景,梁武帝表示同意。侯景大怒,于是起兵造反。

梁武帝得知消息,派兵讨伐。侯景谎称进攻合肥,暗地里带领主力直接南下,准备偷袭京城建康。

侯景起兵时,南梁将领朱异认为侯景不可能造成威胁,防备非常松懈。侯景暗中勾结临贺王萧正德,希望他作内

▲ 侯景之乱

应，应允拥立他为帝。

侯景带领军队抵达长江边，萧正德派出大船，假装运送芦苇，将侯景的军队接到对岸。在南梁军队毫无防备的情况下，侯景发起猛攻，连续占领重要城市，接着围困京城，萧正德随后打开外城城门，迎接侯景入城。

在太子萧纲的率领下，梁军死守宫城，双方陷入僵局。侯景知道南梁各路援兵即将到达，于是采用缓兵之计，上书梁武帝陈述自己的冤屈和不得已的苦衷，犀利地指出梁武帝的错误，希望和谈。

与此同时,侯景将部队调至京城周围,阻击援兵。由于南梁国内长时间没有战争,军队缺乏战斗力,再加上没有统一调遣,各路援兵都被侯景击败。侯景解除了后顾之忧,最终占领宫城,将梁武帝活活饿死。

549年,侯景为了安抚人心,立太子萧纲为帝,杀死萧正德,自己总揽朝政,所有的诏书都出自自己之手。

完全控制朝政后,侯景又自创"宇宙大将军"这样的头衔,逼迫萧纲认可,同时屠杀大臣,派出军队到处烧杀掳掠。不到一年,侯景就废黜皇帝萧纲,再立傀儡皇帝萧栋;同年,又废黜萧栋,自立为帝。

侯景的倒行逆施引起各地的反抗,纷纷组织义军讨伐,其中以梁元帝萧绎手下将领王僧辩、陈霸先最为强大,侯景率军进攻梁元帝。侯景在巴陵城(今湖南省岳阳市)遭遇名将王僧辩,王僧辩先后俘虏了侯景最得力的将领宋子仙、任约,侯景军队元气大伤。

巴陵之战拉开南梁军队反击的序幕。王僧辩带兵东进,连续击败侯景军队,和陈霸先会师,向侯景发起总攻。

552年,王僧辩和陈霸先攻破建康城,侯景带着数十人仓皇出逃,在逃跑的路上被手下人杀死。自此,长达四年的侯景之乱平息。

王僧辩将侯景的双手截下,交给北齐文宣帝,割下其

梁书·侯景列传

人头送给梁元帝,将其尸体暴露在建康城街头。

当地百姓对侯景恨之入骨,将他的尸体分食殆尽,甚至连他的妻子也吃他的肉。

侯景之乱是南梁灭亡的开始,极大地影响了历史进程。门阀贵族势力在动乱中遭到重创,南梁领土大幅缩水。

从此,北朝的实力远超南朝。一场自北向南的统一大戏逐渐拉开了序幕。

经典原文与译文

【原文】景既退败,不入宫,敛其散兵,屯于阙下,遂将逃窜。王伟揽辔(pèi)谏曰:"自古岂有叛天子!今宫中卫士,尚足一战,宁可便走,弃此欲何所之。"景曰:"我在北打贺拔胜,破葛荣,扬名河、朔,与高王一种人。今来南渡大江,取台城如反掌,打邵陵王于北山,破柳仲礼于南岸,皆乃所亲见。今日之事,恐是天亡。乃好守城,我当复一决耳。"——摘自《梁书·卷五十六》

【译文】侯景败退之后,没有进入皇宫,而是收敛他的散兵,驻扎在宫阙下,准备逃跑。王伟抓住侯景的马缰进谏道:"自古哪有叛逃的天子!今天宫中的卫士,还可以一战,怎么能这么快就走,舍弃了台城又要去哪里?"侯景说:"我在北方攻打贺拔胜,击败了葛荣,名扬河朔地区,和齐王高欢平起平坐。如今南渡长江,攻取台城易如反掌,在北山击败了邵陵王,在南岸击败了柳仲礼,都是你亲眼看见的。今天的事情,恐怕是上天要灭亡我。你好好守城,我一定要再次和他们对决。"

引狼入室:把狼招引到屋里。比喻自己把坏人招过来,引起很糟糕的结果。

进退维谷:维,是;谷,困境。无论是进还是退,都处于困境中。形容进退两难。

陈书

《陈书》由唐初史学家姚思廉撰写，共三十六卷，包括本纪六卷、列传三十卷，无表、无志，是记载南朝陈的纪传体断代史。《陈书》记载陈武帝陈霸先建国至陈后主亡国（557—589年）共三十三年的史事。陈朝作为南朝实力最弱、面积最小的王朝，在各方面没有什么建树，因此《陈书》文字不如《梁书》充实，内容也比较简略。

高祖本纪

> 陈霸先（503—559年），字兴国，小名法生，吴兴郡长城县（今浙江省长兴县）人，祖籍颍川郡（今河南省禹州市），南陈开国皇帝，死后谥号武帝，庙号高祖。

● 唯一以姓为国的皇帝

陈霸先出身贫寒，却胸怀大志，广泛阅读史籍，长大后对兵法非常感兴趣，而且练就了一身武艺，英明果断，在当地很有名望，得到皇室子弟新喻侯萧映的重视。萧映在担任广州（今广东省大部）刺史时，陈霸先成为他手下一名将领。

梁武帝统治后期崇信佛教，对地方事务管理松懈。当时的交州（今越南北部）刺史仗着皇室宗亲的身份欺压百姓，地方豪强李贲（bēn）趁势组织部众反抗，梁武帝派兵征讨，久战无功。

梁武帝误以为前线将领私通李贲，于是诛杀主将，引起兵变。叛军很快围困了广州城，昼夜攻城，广州军民惶恐不已。

驻扎在高要郡（今广东省肇庆市高要区）的陈霸先，带领三千精锐部队，昼夜兼程救援广州。他一路连战连捷，最终平定叛乱。

广州之战的胜利，让陈霸先名声大噪，不但加官进爵，梁武帝更是派人画下陈霸先的像送到京城，要亲睹平乱功臣的模样。平定叛乱的同一年，萧映去世。陈霸先护送灵柩回京，在途中被任命为交州司马，主管军事，跟随新任命的交州刺史杨蒨（qiàn）南下平定李贲之乱。

陈霸先一路上招募了许多精锐士卒，杨蒨非常高兴，说："现在能够平定李贲的人，一定是陈霸先。"皇族子弟萧勃害怕平定李贲之后，自己无法从中获利，暗中阻挠这次行动。

杨蒨举棋不定，与众将商议，陈霸先说："李贲之乱，正是皇族子弟骄纵不法造成的。萧勃只顾自己的利益，根本没有大局观，我们怎么能因为害怕皇族，就违背国法？如果将来皇帝问罪，咱们要如何解释？"于是力排众议，大举进军。

陈书·高祖本纪

军队到达交州,陈霸先为先锋,一举击溃李贲的军队。李贲退守典彻湖(今越南河内市境内),在边界设置栅栏,大造战船,意图阻挡梁军。众将不敢前进,陈霸先说:"我们的士卒已经疲惫,如果与敌人相持,对咱们没有好处,唯有趁着敌军士气低落,一举获胜。"

众将依然有所怀疑,没有人支持他。当晚,江水忽然上涨,陈霸先趁此顺流而下,率军进湖,大破敌军,最终

▼ 陈霸先率军进湖歼敌

杀死李贲。陈霸先再次加官进爵，管理广州军务。

548年，侯景之乱爆发，陈霸先得知国家有难，想要带兵勤王，但广州刺史元景仲却萌生反叛之心，陈霸先当机立断，诛杀元景仲，迎接皇族萧勃到广州镇守，希望能借助他皇室子弟的身份，召集义军勤王。

起初，萧勃支持陈霸先北上，随后得知侯景实力强大，而且梁朝几位藩王互争帝位，于是萌生私意。陈霸先悲愤不已，极力劝说无效，单独派出使者联系远在荆州（今湖北省荆州市）的湘东王萧绎，表示归顺之意。萧勃非常愤怒，唆使地方官沿途阻拦。陈霸先击败阻击的部队，最终来到南康郡（今江西省赣州市），接受萧绎的节制。

萧绎命令陈霸先带兵东进，讨伐侯景。当时陈霸先拥有精锐甲士三万人，粮草充足，他得知将领王僧辩的军队缺粮，立刻将自己的五十万石军粮分出三十万石，送给王僧辩，王僧辩彻底打消了对陈霸先的畏忌。552年，陈霸先带领军队，和王僧辩分路进攻侯景，会师之后共同东进，与侯景展开决战，最终平定了叛乱。

随后，陈霸先又击败北齐入侵，和王僧辩一起拥立萧绎为帝，是为梁元帝。梁元帝死后，两人又一起推举萧方智为梁王，暂时行使皇帝职权。

第二年，王僧辩屈服于北齐的威压，不顾陈霸先的苦劝，改为拥立萧渊明为帝。陈霸先非常不满，起兵擒杀王僧辩，迫使萧渊明退位，辅佐萧方智为帝，是为梁敬帝。陈霸先从此独自掌握梁朝大权。

王僧辩死后，他的旧将在各地起兵，并勾结北齐反对陈霸先；远在广州的萧勃，以及梁元帝的旧将王琳也先后起兵造反，陈霸先与手下大将侯安都、周文育等人连续作战，花了近三年时间，陆续平定各路反叛，基本肃清了反对势力。

随着敌对势力逐渐被清除，陈霸先的权势也逐步稳固。557年年底，梁敬帝将皇位禅让给陈霸先。陈霸先以自己的姓氏为国号，建立陈朝，是为陈武帝。

陈武帝在位不到三年就病逝了，终年五十七岁。陈武帝在位期间，以身作则，力行节俭，着手恢复生产，节约民力，稳定了南方的局势。他也是我国历史上唯一一个以姓为国号的开国君主。

经典原文与译文

【原文】景率众万余人、铁骑八百余匹，结阵而进。高祖曰："军志有之，善用兵者，如常山之蛇，首尾相

应。今我师既众,贼徒甚寡,应分贼兵势,以弱制强,何故聚其锋锐,令必死于我?"乃命诸将分处置兵。贼直冲王僧志,僧志小缩,高祖遣徐度领弩手二千横截其后,贼乃却。——摘自《陈书·卷一》

【译文】侯景带领兵众一万多人、铁甲战马八百多匹,结成军阵前进。陈高祖陈霸先说:"军志有记录说,善于用兵的人,像是常山的蛇,蛇头和蛇尾能相互呼应。如今我军人数众多,贼兵人数非常少,应该分开敌军,用示弱的方式制住强势的敌军,为什么要让他们聚集精锐部队,一定要和我们决一死战呢?"于是命令诸位将领分兵驻扎。贼兵直接冲击王僧志的部队,王僧志稍稍退缩,陈高祖派遣徐度带领弓弩手两千人横着截断敌方后路,贼兵才退却。

以一当百:一个人抵挡一百个人。比喻军队英勇善战。

后主本纪

> 陈叔宝（553—604年），字元秀，乳名黄奴，祖籍吴兴郡长城县（今浙江省长兴县），生于江陵（今湖北省荆州市），陈宣帝的嫡长子，陈朝末代皇帝，史称陈后主。

沉迷享乐的亡国昏君

陈叔宝出生时，他的伯爷爷陈武帝陈霸先已经掌握了实权，梁元帝便将陈霸先的子侄留在江陵城。

陈叔宝出生的第二年，西魏攻陷江陵城，他便跟着父亲陈顼（xū）被俘虏到北方，在穰（ráng）城（今河南省邓州市）生活。

陈武帝即位后，册封陈顼为始安郡王，但没有机会回国。直到陈文帝继位，十岁的陈叔宝才和父亲回到京城，被册封为世子。

陈叔宝从小生长在深宫之中,虽然曾为人质,但也富足无忧,不懂得稼穑(sè)艰难。他的父亲陈宣帝继位后,册立陈叔宝为太子。

陈叔宝喜爱文艺,对艳丽的宫体诗非常感兴趣,而且醉心音律,成为太子之后,身边慢慢聚集了大量文人。

陈宣帝去世后,陈叔宝的弟弟始兴王陈叔陵企图篡位,陈叔宝击败了他,最终登上皇位,是为陈后主。以前东宫中的许多文人,都成为朝廷重臣。

起初,陈宣帝还没有去世时,隋文帝已经统一北方,并且着手进攻陈朝。得知陈宣帝去世,隋文帝认为趁丧事发动战争不仁德,于是退军。

陈后主误以为隋朝害怕自己,再加上刚刚平定内乱,内心十分得意,国书的言辞很傲慢,惹恼了隋朝的将领,众人都想灭亡陈朝。

陈后主为了稳定政权,分封众多弟弟为藩王,连续发布诏书要求爱惜民力,访求人才,但都没有真正落实。为了显示仁厚,陈后主频繁下令大赦天下,在位七年进行了十次大赦。

频繁的大赦不仅没有起到安抚人心的作用,反而让作奸犯科之人不再敬畏国法,忠于法令的官员百姓逐渐寒心。因此,陈后主身边忠臣越来越少,奸臣越来越多。

陈书·后主本纪

国内出现了奇怪的现象，虽然经常大赦天下，但监狱依然人满为患，不法官员敲诈勒索的情况屡见不鲜，老百姓怨声载道。

陈后主被身边的文人集团迷惑，误以为天下安定，开始沉迷于享乐。陈朝自陈武帝开始，厉行节俭，宫室都非常小。陈后主为宠爱的妃子修筑很多华丽的宫殿，在全国范围内招募精通艳体诗的文人入宫。

▼ 亡国之君陈后主

陈后主每天与他们纵酒为乐，吟诗作文，如果有人写出的诗词非常香艳，立刻让宫廷乐师谱曲，令宫女演唱。历史上著名的《玉树后庭花》《春江花月夜》等名曲，就是陈后主亲自作的曲子，后世称之为亡国之音。

一直观望南陈局势的隋文帝，看到南陈国内混乱的局面，对大臣说："我作为百姓的衣食父母，怎么能因为隔了一条长江，就不去拯救南陈的百姓呢？"于是调集五十一万大军，将陈后主犯下的二十条大罪写成檄文，发布到沿长江各地。

南陈守将见隋军公开讨伐，立刻报告，被人押下不报。直到隋军在长江上出现，陈后主依然没有放在心上，说："我朝是王气聚集的地方，北齐三次攻打，北周两次攻打，都没有取胜，隋军这次来，依然会大败而归。"继续和众嫔妃饮酒作乐。

589年，准备就绪的隋军，趁着长江江面起了大雾，由韩擒虎、贺若弼（bì）带领，兵分两路进攻南陈，南陈军队损兵折将，无法抵挡，隋军兵临金陵城（今江苏省南京市）下。

陈后主慌乱之余，下令众将摆出一字长蛇阵对敌，被隋军一举击溃。陈后主毫无办法，给了亲信将领任忠两袋金子，命令他招募士兵，抵挡隋军。

任忠拿到金子，却不愿意拼命，立刻打开城门迎接隋军将领韩擒虎进城。陈后主只得带着几名宠妃躲在一口枯井里，隋军发现后，威胁要往井里扔石头，陈后主怕死，于是被俘虏，陈朝自此灭亡。

陈后主降隋后，隋文帝经常赏赐物品，邀请他参加宴会。为了避免陈后主伤心，隋文帝不许在宴会上演奏江南的曲子。但隋文帝没有真正放心，监视陈后主的人禀报说："陈后主现在没有爵位，想要个官当。"隋文帝哭笑不得，说："这个陈叔宝，真是没心没肺！"

在投降的日子里，陈后主日夜饮酒为乐，最多的时候一天可以喝一石酒，在醉生梦死中，他的身体越来越差。604年，陈后主在洛阳（今河南省洛阳市）去世，终年五十二岁。

经典原文与译文

【原文】后主闻兵至，从宫人十余出后堂景阳殿，将自投于井。袁宪侍侧，苦谏不从，后阁舍人夏侯公韵又以身蔽井，后主与争久之，方得入焉。及夜，为隋军所执。——摘自《陈书·卷六》

【译文】陈后主听说隋军来到,跟着十多个宫人从后堂景阳殿出来,想要自己跳进井里。袁宪侍奉在身边,苦苦劝谏,他不听,后阁舍人夏侯公韵又用身体挡住井口,陈后主和他争了很久,这才跳进去。到了夜里,陈后主被隋军活捉。

落井下石:有人掉进井里,井外之人还往里面扔石头。比喻乘人危难时加以陷害。

全无心肝:没有心肝。比喻一个人不知道羞耻。

吴明彻列传

> 吴明彻（504—580年），字通昭，南兖（yǎn）州秦郡（今江苏省南京市六合区）人，陈朝名将。

● 屡破外敌的名将

吴明彻的父亲曾担任南梁的右将军，在他小时候就去世了。年少的吴明彻家境贫寒，靠种地维持生计，以至于没钱修缮亲人的墓地。

有一年大旱，眼看着庄稼快要枯死，吴明彻非常生气，对着苍天大声述说自己的不幸。秧苗竟然奇迹般地活过来，当年获得丰收，他才有钱为亲人修缮墓地。

长大后，吴明彻在梁朝成为太子东宫的官员。正值侯景之乱爆发，粮食非常紧缺，吴明彻家中有一些存粮，便和几个哥哥商量，将存粮分给众人，大家一起渡过难关。吴明彻的义举获得人们的拥护，盗贼听说了此事，都不敢

来骚扰。

陈武帝击败侯景后,奉命驻守京口(今江苏省镇江市),听说了吴明彻的名声,想与他结交。

吴明彻知道后,主动拜见陈武帝,陈武帝亲自迎接他。两人谈论天下大势,陈武帝认为吴明彻是个奇才,于是委以重任。

吴明彻先后跟随陈武帝讨伐各路反叛势力,多次立下战功。陈武帝一面抓紧准备称帝,一面派吴明彻与侯安都、周文育征讨梁元帝的旧臣王琳,但因为军心不稳而战败,侯安都、周文育被俘,唯有吴明彻带着剩余军队回到京城。

陈文帝继位后,命令吴明彻驻守今天的湖南省西北部,负责防御北周。

期间,吴明彻在敌众我寡的不利局面下,击败了北周的袭击。三年后,吴明彻又前往江州(今江西省九江市)平叛,逐渐成为南陈的重要将领之一。

吴明彻作战勇猛,治军极为严格,让手下士兵很不满意,陈文帝担心这样下去会导致军队哗变,于是派安成王陈顼(xū)前往抚慰吴明彻,并调他回朝任职。

陈文帝的儿子陈废帝继位,吴明彻获得皇帝信任,被允许带领四十名士兵出入宫廷。

此时,陈废帝的叔叔安成王陈顼辅佐朝政,威望很高,陈废帝想要将陈顼赶出朝廷,陈顼听说这个消息非常紧张,安排手下人暗中联络吴明彻。

吴明彻说:"现在皇帝正在服丧,处理政务难免有过失,然而国家内外交困,安成王本来就是定国安邦的大才,和当年的尹伊、霍光一样,应该以社稷为重,不要怀疑什么。"吴明彻的态度让陈顼大为放心。

湘州(今湖南省长沙市)刺史华皎勾结北周、西梁,发动叛乱。陈顼命令吴明彻带兵讨伐,平定叛乱。

从此,吴明彻爵位更高,地位也更加显赫。一年后,陈废帝被贬为临海王,陈顼称帝,是为陈宣帝。

陈朝是南朝疆域最小的国家,淮河流域被北齐占领,荆州一带是附属北周的西梁,巴蜀、汉中之地被北周占领。陈宣帝即位后,立志收复淮河失地,决定北伐。

因为吴明彻的家乡在长江北岸,非常熟悉当地民风,陈宣帝便于573年任命他为主帅,带领陈朝主力军大举伐齐。吴明彻不负众望,连续大破齐军,占领大片土地。

北齐连忙派遣南梁降将王琳带领主力阻击吴明彻。之前,王琳曾经两次击败吴明彻。此时,吴明彻透彻分析敌我形势,认为王琳虽然很强,但立足未稳,加上他是降将,无法完全镇服手下,于是连夜进攻,大破王琳的军队,迫使王琳撤退据城死守。吴明彻命令部队抓紧制造攻城器械,掘开肥水灌城,城中死伤惨重,但未能被攻破。

这时,北齐的几十万援兵即将到达,众将非常恐慌,找吴明彻询问对策。吴明彻说:"兵贵神速。我得到消息,敌人援军虽然来了,但他们安营扎寨,不敢大举进攻。这正是我们攻城的大好时机。"于是,吴明彻亲自穿上战甲,身先士卒,一举攻破城池,俘虏了王琳。

王琳在南梁时很得人心,吴明彻手下许多士卒都是王琳的旧部,他们看到老将军被俘,纷纷求情。

吴明彻害怕军队因此生变,于是下令处死王琳,率军占领寿春(今安徽省寿县),收复淮南。陈宣帝派人在寿春城搭设高台,封赏吴明彻,参加北伐的二十万将士,无不欢欣鼓舞。

577年,北周消灭北齐,统一了北方,并趁机觊觎淮南之地。吴明彻奉命再次北伐,击败徐州守将,围困徐州城,引水灌城,环列战舰猛攻徐州。

北周调遣大将王轨救援徐州。王轨知道南陈水军很强,于是派精锐部队在淮河竖立大量木头,用绳索将车轮连在一起,阻断了航行通道。得知撤退的水路被封锁,诸将非常惊恐,吴明彻手下将领建议让骑兵先从陆路退军。

这时候吴明彻病重,没有想到更好的办法,只得答应。骑兵撤退后,吴明彻掘开上游的堤坝,想要借助上升的水位冲毁北周的封锁。

起初进展顺利,但随着水势渐缓,南陈的大船全部搁浅,北周军队发起总攻,军队四散奔逃,吴明彻无计可施,被北周俘虏。

吴明彻被押解到长安(今陕西省西安市)后,北周皇帝听过吴明彻的威名,对他礼遇有加,封他为大将军,但吴明彻耻于被俘,深感忧愤,几年后发病而亡。

吴明彻死后,南陈没有忘记他的功劳,陈后主追封他官爵,让他的儿子承袭爵位。

经典原文与译文

【原文】明彻幼孤,性至孝,年十四,感坟茔(yíng)未备,家贫无以取给,乃勤力耕种。时天下亢旱,苗稼焦枯,明彻哀愤,每之田中,号泣,仰天自诉。居数日,有自田还者,云苗已更生,明彻疑之,谓为绐(dài)己,及往田所,竟如其言。秋而大获,足充葬用。——摘自《陈书·卷九》

【译文】 吴明彻幼年丧父，本性非常孝顺，十四岁时，有感于亲人的坟墓没有修缮，家里贫困没有钱供给修缮的费用，于是非常努力地耕种。当时全国正发生大旱，庄稼都干枯了，吴明彻悲哀愤懑，每次到田地里都大声哭泣，仰头向天说明自己的遭遇。过了几天，有人从田地里回来，说禾苗已经活了下来。吴明彻感到疑惑，以为别人骗自己，等到去田地里看时，果然像人们说的那样。到了秋天大获丰收，所得足以充作丧葬的费用。

词语积累

一鼓而下：鼓，古代以击鼓为进军号令。比喻趁形势有利或者士气旺盛之时，一举击溃敌人。

兵贵神速：用兵贵在行动迅速。

徐陵列传

> 徐陵（507—583年），字孝穆，东海郡郯（tán）县（今山东省郯城县）人，南朝著名诗人、文学家，与北周诗人庾信并称"徐庾"。

严肃方正的一代文豪

徐陵出身名门，祖辈、父辈都在南朝担任过高官。母亲臧氏怀孕时，曾梦见五色云彩变成一只凤凰落在肩头，不久便生下了徐陵。

徐陵小时候非常聪明，八岁时就可以写出好文章。他长大后博览群书，能言善辩，和父亲一起在晋安王萧纲手下任职。

萧纲被册立为皇太子后，徐陵成为东宫学士，后来出京担任县令，因为得罪了一位言官，受诬陷而失去官职。过了很长时间，他才再次出仕，先后在南平王、湘东王手

陈书·徐陵列传

下任职。

548年,徐陵跟随南梁使团出使东魏。东魏大臣魏收轻视使团,看到徐陵到来,故意刁难说:"今天天气很热,难道是因为你们来了,天气才变热了吗?"

徐陵不甘示弱,回答道:"当年萧齐王朝的大臣王肃帮你们制定了礼仪,我今天来是让你们记起当年的规矩。"魏收自讨无趣,十分惭愧。

使团还没有回国,侯景之乱就爆发了,徐陵的父亲当时在建康城中,生死不明。徐陵无法回国,在东魏穿粗布衣服,吃粗食,以尽孝道。

徐陵思念故国,向东魏朝廷写了一封信,表达自己想要回国的愿望,没有得到回应。

梁元帝死后,大臣王僧辩拥立萧方智为梁王,代行皇帝之权。这时候,北齐已经取代东魏,北齐文宣帝想拥立梁朝宗室贞阳侯萧渊明为梁朝皇帝,徐陵认为这是回国的好机会,于是帮助萧渊明写了许多书信,与王僧辩交涉,最后如愿跟随萧渊明回国。

回国后,萧渊明称帝,徐陵受到重用,掌管国家诏令的写作,并与王僧辩结下了深厚的友谊。

陈武帝杀死王僧辩,逼迫萧渊明退位,徐陵投靠王僧辩的旧将,一起反抗陈武帝,兵败被俘。陈武帝很欣赏徐陵的才华,赦免了他并委以重任。

陈文帝继位后,弟弟安成王陈顼的权势很大,他的属官飞扬跋扈,群臣不敢提意见。陈文帝安排徐陵站在朝堂上,宣读弹劾的奏章。

徐陵严肃庄重,连皇帝都正襟危坐,陈顼站在殿下汗流不止。看到震慑住陈顼,徐陵立刻宣布诏书,罢免那些因畏惧陈顼而不敢直言的官员,朝廷变得井然有序。

因为刚正不阿,徐陵被任命为吏部尚书,专门负责官员选拔。徐陵一改南梁以来任用官员的弊端,形成了完善的官员任免制度。

陈文帝死后,其子陈废帝继位,叔叔安成王陈顼辅政,开始排除异己,积极拉拢徐陵。两年后,陈顼废黜皇帝自立,是为陈宣帝。为了表彰徐陵的功劳,陈宣帝封他高官,徐陵屡次推辞,最后才接受。

当时,淮河以南大片领土被北齐占领,陈宣帝继位后计划北伐,收复失地,但任命谁为主帅,一直没有决定。大臣们都认为名将淳于量位高权重,适合担任主帅。

徐陵力排众议,极力推荐吴明彻,最终吴明彻不负众望,取得巨大战果。陈宣帝非常高兴,夸奖徐陵善识人才。

▼ 严肃方正的徐陵

陈宣帝执政时期,徐陵的地位越来越显赫,但他依然保持清廉简朴的本色。他把领到的俸禄都用来接济有困难的亲友,以至于家用不足。

下属问徐陵为什么要这样做,徐陵说:"我家里还有牛车、衣服可以卖,他们家里还有什么能卖的?"

581年,徐陵因为年老体弱屡次请求退休。陈宣帝极为优待,允许他在家中工作。583年,徐陵逝世,终年七十七岁。

徐陵一生严肃方正,精于写作,国家的重要文书都由他起草。徐陵通过高超的写作技巧,将原本枯燥的政府公文写得极富文采。

他的许多文章刚写出来就被人们传诵,当时的人们以家中藏有徐陵的文章为荣。

徐陵作为一代文豪,在文坛的地位很高,但从不轻视后辈,为人温和,遇到请教的人都会悉心指导,从来不会苛责作者。

后来因为战乱,徐陵的大部分文章都丢失了,流传至今的仅剩六卷文集,以及他主编的十卷诗集《玉台新咏》。

经典原文与译文

【原文】 及朝议北伐,高宗曰:"朕意已决,卿可举元帅。"众议咸以中权将军淳于量位重,共署推之。陵独曰:"不然。吴明彻家在淮左,悉彼风俗,将略人才,当今亦无过者。"于是争论累日不能决。都官尚书裴忌曰:"臣同徐仆射。"陵应声曰:"非但明彻良将,裴忌即良副也。"是日,诏明彻为大都督,令忌监军事,遂克淮南数十州之地。——摘自《陈书·卷二十六》

【译文】 等到朝廷商议北伐,陈高宗说:"朕的心意已经决定,你们可以推举北伐的主帅。"众人都以为中权将军淳于量位高权重,一起署名推荐他,唯独徐陵说:"不是这样的。吴明彻家乡就在淮南,他熟悉那里的风俗,为将的谋略才能,当今也没有人能比得上他。"于是争论很多天没有结果。都官尚书裴忌说:"臣同意徐仆射的意见。"徐陵回应说:"不但吴明彻是良将,裴忌也是很好的副将。"这一天,陈高宗诏令吴明彻为大都督,命令裴忌监督军事,后来他们攻克淮南数十个州的土地。

词语积累

分路扬镳（biāo）：镳，马嚼子露出嘴外的部分。比喻目标不同，各走各的路。

如兄如弟：情如兄弟。比喻感情非常好，关系密切。

南史

南史

《南史》由唐代史学家李延寿撰写,共八十卷,包括本纪十卷、列传七十卷,无表、无志,是记载南朝的宋、齐、梁、陈四朝的纪传体史书,与《北史》是姊妹篇。《南史》记载宋武帝刘裕建国至陈后主陈叔宝亡国(420—589年)共一百七十年的史事。《南史》将南朝各史的本纪、列传综合汇总,打破了朝代局限,重新对人物、事件进行删繁就简的处理,以便阅读;同时将当时彼此敌对政权相互的蔑称一律删除,以符合大一统的时代特征。

李延寿

李延寿(生卒年不详),字遐龄,相州(今河南省安阳市)人,唐初著名史学家,活动于唐太宗至高宗大概三十年间。

李延寿的父亲李大师,熟悉前代历史,擅长评论时事。李大师认为南北朝时期各国单独修史,受限于各自的立场进行表达,随着隋朝统一全国,民族融合空前加强,他感到修撰统一史书的必要性,于是动笔撰述,未竟而卒。

李延寿继承父亲的遗志,收集资料,积极准备,前后花了三十年时间,独立修成《南史》《北史》,分别概述南朝、北朝的历史。李延寿纠正各国史书的种种偏见,打破地域观念,着力表达了天下一统的多民族政治、经济、文化共同体的主张。

南史·鲍照列传

鲍照列传

> 鲍照（约416—466年），字明远，祖籍东海郡（今山东省郯城县），生于京口（今江苏省镇江市），南朝宋著名文学家，与庾信并称"鲍庾"，与谢灵运、颜延之合称"元嘉三大家"。

● 承前启后的诗歌大家

鲍照出生于一个低级士族家庭，小时候家境贫困，靠种地维持生计。鲍照从小精研诗歌写作技巧，希望长大后凭借诗文踏上仕途。他不满二十岁就离开家乡，四处游览山水风光，创作出许多优秀的诗歌。这一阶段的作品大多抒发人生感慨，表达对社会生活以及怀才不遇的不满，其中以《拟行路难十八首》最为出名。

鲍照得知临川王刘义庆爱好文学，身边聚集了很多文人墨客，便想毛遂自荐。当时，刘义庆在荆州（今湖北省

南史·鲍照列传

荆州市）任职，鲍照准备献诗言志。

一些人对他说："你身份低微，不要贸然觐见，以免冲撞了大王。"鲍照很生气，说："几千年来，有多少人才默默无闻。真正的大丈夫，怎么能让世人分不清兰花和艾草，隐藏自己的本领，整天和燕雀在一起呢？"于是不顾劝阻，带着诗文谒见刘义庆。刘义庆读罢鲍照的诗，非常惊奇，赠送他二十匹名贵绸缎，并提拔他做官，从此鲍照踏上仕途。

为了答谢刘义庆的知遇之恩，鲍照一直跟随他到各地任职，参与《世说新语》等作品的编纂工作。

在此期间，鲍照游历大好河山，广交朋友，获得很多灵感，写下大量诗歌。几年后，刘义庆去世，鲍照悲痛欲绝，为他服丧三个月，然后请求辞官，过了一年才再次出仕。

第二次踏上仕途的鲍照继续进入诸侯王的幕府，周游于达官贵人之间，不断写诗，名声越来越大。几年后，宋文帝被儿子刘劭杀死，朝局陷入混乱，鲍照逃出京城投靠宋孝武帝，并跟随起兵讨伐刘劭。

动乱平定之后，鲍照非常高兴，写出《中兴歌十首》来赞美宋孝武帝，得到认可，宋孝武帝让鲍照负责在朝廷起草诏令。

宋孝武帝喜欢文学，经常说自己的文章无人能及。鲍照知道皇帝的心思，于是故意写一些浅白粗俗的文字，避免皇帝嫉妒，影响仕途。当时人们不明白其中缘由，误以为鲍照已经才尽。

鲍照看到宋孝武帝大肆迫害皇室宗亲，便写出《采桑》一诗来表达不满。宋孝武帝知道后十分生气，将鲍照贬为地方官，并限制他的行动自由。三年后，限制解除，心灰意冷的鲍照来到临海王刘子顼幕府担任参军，于是后世也称鲍照为"鲍参军"。

宋孝武帝死后，他的儿子刘子业即位，是为宋废帝。宋废帝杀戮大臣诸王，引发朝政混乱。宋明帝杀死宋废帝刘子业，自立为帝。因为宋明帝得国不正，皇族子弟刘子勋起兵造反，刘子顼也参与其中。不久，刘子顼兵败被杀，鲍照也死于乱军之中，终年五十一岁。

鲍照凭借诗歌，在达官贵人之间徘徊，寻求入仕、晋升的机会。因此，他的诗歌风格不得不满足不同阶层的审美情趣，形成了多样性。有些诗歌有建安风骨的刚健，有些诗歌有山水诗歌的灵动，有些诗歌词语华丽，后世认为这是"宫体诗"的源头。鲍照可以熟练地驾驭乐府诗，五言、七言等多种形式的诗歌，而且都有名篇佳作，对后世产生深远的影响，成为我国历史上备受推崇的大诗人。

经典原文与译文

【原文】照始尝谒义庆未见知，欲贡诗言志，人止之

南史·鲍照列传

曰:"卿位尚卑,不可轻忤大王。"照勃然曰:"千载上有英才异士沈没而不闻者,安可数哉。大丈夫岂可遂蕴智能,使兰艾不辨,终日碌碌,与燕雀相随乎。"于是奏诗,义庆奇之。——摘自《南史·卷十三》

【译文】开始,鲍照曾经拜谒刘义庆,不被知晓,想要献出自己的诗歌表达志向,有人制止他说:"你的地位还很卑微,不可以轻易忤逆大王。"鲍照勃然大怒,说:"千年以来,默默无闻不被知晓的英才异士怎么数得过来?大丈夫怎么能这样蕴藏自己的智慧,使世人分不清兰花和艾草,整天碌碌无为,和燕雀相伴呢?"于是献诗,刘义庆对他的诗感到惊奇。

鄙言累句:鄙言,浅显的言辞。指文章语句粗浅,不精炼。

何承天列传

> 何承天（370—447年），东海郡郯县（今山东省郯城县）人，南朝宋著名学者、天文学家。

● 性情刚烈的多面型人才

何承天五岁丧父，母亲是东晋著名学者徐广的妹妹，聪明博学，因此负责他的启蒙教育。

在母亲和舅舅的教导下，何承天从小就涉猎经史百家，博学多才。他长大后跟随在益阳县（今湖南省益阳市）当县长的叔父，开始步入仕途。

东晋末年，何承天在地方担任参军一职，当时各地叛军四起，何承天为了避祸，辞职回到益阳。

宋武帝刘裕起兵后，何承天奉命和宋武帝取得联系，被任命为县令，没过多久回到京城，在将领刘毅手下担任代理参军。

任职期间，何承天严格遵守国家法令。有一次，刘毅出行，正巧一个县令用弓箭射鸟，误中刘毅手下执勤将领。刘毅大怒，想要杀了这个县令，何承天认为县令并非故意，而且没有造成伤亡，罪不当死，只需要惩戒即可。他拿出国家法令，援引汉文帝的例子，据理力争，县令最终被从轻发落。

宋武帝继位后，何承天入朝任职，因为博学多才，获得重用，参与制定朝堂礼仪。宋武帝死后，顾命大臣谢晦因为拥立宋文帝有功，被任命为荆州都督。他知道何承天的才能，请求将何承天调到自己的辖区，主管少数民族事务。

宋文帝登基后，为了巩固权力，借故诛杀了另一位顾命大臣傅亮。和傅亮一同参与废立的谢晦深感不安，想要起兵谋反。

他和何承天商议，何承天说："你以一个州的军事力量对抗国家，一定不行，需要寻找外援，这是上策。你派遣心腹将领驻守义阳县（今河南省信阳市），亲率大军和朝廷决战，如果败了则从义阳逃到北方，是下策。"

谢晦不想离开自己的大本营荆州，拒绝何承天的建议，最终被朝廷击败。何承天没有逃跑，主动向朝廷自首。宋文帝赦免了他的罪行，将他调回朝中任职。

何承天才能出众，博学多才，性格刚烈自负，和朝中

▼ 何承天制定《元嘉历》

南史·何承天列传

大臣关系非常紧张。权臣殷景仁对他十分不满,借故把他贬为地方官。

何承天在地方任职期间,性格依然没有太多改变,被人抓到把柄,逮捕入狱,没过多久遇到大赦得免。

439年,何承天再次回到朝廷,负责编纂国史。当时何承天年事已高,身边的人大多数年轻有为,嘲讽他为"奶妈",何承天非常生气地说:"凤凰也生了九个孩子,我当你们的奶妈有问题吗?"宋文帝知道他的脾气,为他安排了其他岗位,但依然负责编写史书。

几年后,皇帝想任命何承天为吏部侍郎,偷偷告诉了他,何承天不小心泄露了这件事,因此被贬为庶民,最终死在家中,终年七十八岁。

何承天对天文学有很深的研究,他继承了舅舅徐广四十多年对日月五星的观测记录与研究资料,自己又接着观测了四十多年,最终制定了一部新历法,后世称为《元嘉历》。

这套历法更精确地测量了周天的度数和两极的距离,并将圆周率精确至3.1429,成为宋齐两朝通行的历法,直到梁朝时,才被祖冲之的《大明历》取代。

何承天对军事也有独到见解,宋文帝后期,北魏屡次南侵,何承天献上《安边论》,对稳定国家边境提出了很多行之有效的建议。《宋史》编纂者沈约全文抄录《安边论》，给予了高度评价。

何承天学识渊博，涉及经史、历法、法律、军事、文学、音乐等多个领域，而且都有所建树，是一个综合型人才。

宋文帝知道他的能力，也了解他偏激刚烈的脾气，经常告诫其他人说："一定要注意何承天的脸色，要是他不高兴了，千万不要再多说话。"

经典原文与译文

【原文】承天博见古今，为一时所重。张永尝开玄武湖遇古冢，冢上得一铜斗，有柄。文帝以访朝士。承天曰："此亡新威斗。王莽三公亡，皆赐之。一在冢外，一在冢内。时三台居江左者，唯甄邯（zhēn hán）为大司徒，必邯之墓。"——摘自《南史·卷三十三》

【译文】何承天广泛地涉猎古今，被当时的人推重。张永曾经在开凿玄武湖时遇到了古墓，在古墓里得到一个铜斗，有手柄。宋文帝拿着这个铜斗询问朝臣。何承天说："这是已经灭亡的新朝的威斗。新朝皇帝王莽手

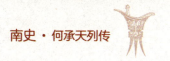

南史·何承天列传

下的三公死后,都会赏赐这种铜斗。一个放在坟墓外面,一个放在墓室里面。当时位列三台的大官住在江南的人中,只有甄邯当了大司徒,这一定是甄邯的坟墓。"

　　绳之以法:绳,准则,法度。以法律为准绳,交由法律制裁。

任昉列传

> 任昉（fǎng）（460—508年），字彦升，小名阿堆，乐安郡博昌县（今山东省寿光市）人，南朝著名文学家、方志学家、藏书家。

● 著作等身的一代文豪

任昉小时候非常聪明，悟性了得，很早就有了名气，人们甚至传说他的聪明才智得到了神仙眷顾。

任昉的叔父看人非常准，对任昉说："阿堆，你是我们家的千里马。"

任昉十六岁时，被京畿（jī）地方长官刘秉看中，授予一个文职。年轻气盛的任昉顶撞了刘秉的儿子，导致长期得不到提拔。

南齐建立后，任昉又被京畿地方长官王俭征辟为属官。王俭看到任昉的文章非常喜欢，说："如果你生活在孔子

南史·任昉列传

的时代，一定可以登堂入室，成为孔子的得意门生。"

王俭让任昉再写一篇文章，看完之后说："这才是我想读的文章。"从此十分器重任昉，每次写完文章，都会请他润色。

竟陵王萧子良招揽天下文人，任昉因为文采出众，成为"竟陵八友"之一。诗人王融认为自己的文章无人可比，等看到任昉文章，顿时怅然若失。

▼ 任昉亲尝汤药

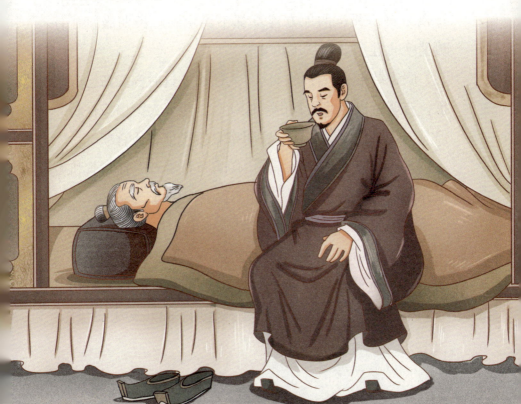

任昉十分孝顺，父母亲生病，他日夜伺候在身边，每次汤药端过来，都要亲自尝一下。齐武帝继位后，任昉因父亲去世而辞官守孝，身体变得异常虚弱，靠拐杖才能勉强站起来。

齐武帝对他的叔父说："我听说任昉守丧太过悲哀，这样的人才如果有什么意外，非常可惜，你一定要保全他的性命。"任昉不敢违逆叔父，当面吃下东西，背地里又吐出去。

守孝刚结束，任昉的母亲又不幸去世，他痛不欲生，日夜号哭，哭泣的地方连草都不再生长。长期服丧让任昉消瘦得连亲戚都认不出来。

服丧结束后，任昉再次步入仕途。这时齐武帝已经去世，齐明帝以叔父的身份辅佐朝政，想要大力提拔任昉，但有人说了任昉的坏话，齐明帝只授予他普通官职。

齐明帝废黜萧昭业后，请任昉草拟奏章，任昉趁机贬损齐明帝，齐明帝生气，从此不再提拔任昉。

齐炀帝萧宝卷继位后，倒行逆施，导致国家动荡不止。梁武帝萧衍起兵讨伐萧宝卷，建立梁朝。

任昉和梁武帝同为"竟陵八友"，关系非常密切，等到梁武帝当了皇帝，任昉受到重用，和好友沈约合作，负责起草朝廷诏书。

任昉在朝中任职一年，被任命为义兴郡（今江苏省宜兴市）太守。任昉廉洁自律，一家人都只吃粗米饭。

当时正遇天灾，任昉临危受命，把俸禄捐出来，养活了三千多百姓。因为政绩突出，任昉再次被调回都城，一路上连像样的衣服也没有。沈约实在看不过去，给他们一家人准备了衣服，迎接他回京。

再次回到朝中，任昉发挥专长，奉命整理文献档案，最终将数量繁多的资料分门别类，整理出目录。工作完成后，任昉再次担任地方官，病死在任上，终年四十九岁。

任昉一生清贫，勤政爱民，去世的时候，家里只有二十石米，没有任何其他财物，以至于无钱举行葬礼。当地百姓非常难过，为任昉修建祠堂，每年按时祭拜。

梁武帝得知任昉去世，悲伤不已，说道："任昉年少时就害怕自己活不过五十岁，如今他四十九岁病死，的确是知道自己的命数啊。"

任昉少年成名，晚年将精力放在藏书、著书上，虽然家里贫困，但花费巨资收藏了一万多册珍贵书籍，有很多都是孤本。

沈约等人整理任昉的遗物，发现他所著的文章多达数十万字，编纂文献更是不计其数。

最终，沈约等人整理出《杂传》二百四十七卷、《地记》二百五十二卷、文章三十三卷。其中《地记》在我国历史上尤为重要，涵盖政治、历史、地理、文化、民俗、外交、物产等多项内容，成为我国第二部完整的方志类书籍。清朝编纂《四库全书》时，将《地记》赞为"丛书之祖"。

经典原文与译文

【原文】昉好交结，奖进士友，不附之者亦不称述，得其延誉者多见升擢（zhuó），故衣冠贵游莫不多与交好，坐上客恒有数十。时人慕之，号曰任君，言如汉之三君也。——摘自《南史·卷五十九》

【译文】任昉喜欢结交友人，奖赏推举士子朋友，不附和他的人也不会说什么，得到他赞誉的人很多都被升迁，所以缙绅贵族没有不愿意和他交好的，他家中的贵客常常有数十个人。当时的人仰慕他，称他为任君，说他像东汉的窦武、刘淑、陈蕃三位君子。

南史·任昉列传

 **词语积累**

不事边幅：边幅，衣帛的边缘，比喻人的仪表、衣着。指对仪表衣着毫不在意。

升堂入室：古代进入屋室，先进门，再升堂，后入室。比喻学习所达到的境界由浅入深、循序渐进。多用于称赞人在学问、技能上有很高的造诣。

二十四史马上读，语文历史都进步

王僧孺列传

> 王僧孺（465—522 年），字僧孺，东海郡郯县（今山东省郯城县）人，南朝文学家，和沈约、任昉并称为南梁三大藏书家。

藏书万卷的谱牒学大家

王僧孺祖上是地位显赫的士族，到他父亲这一代，家道已经中落。王僧孺从小非常聪明，五岁时看到一本《孝经》，问别人："这本书讲的是什么？"那人说："讲的是忠孝。"王僧孺说："如果这样的话，我要好好阅读。"

通过学习，王僧孺为人处事变得更加成熟。有人给他父亲送来水果，取出一个给王僧孺，王僧孺说："这是送给我父亲的，父亲没有吃，我不能先吃。"

他的父亲去世后，家境越来越困难，母亲只能通过卖纱布维持生计，王僧孺也开始给别人抄书赚钱，赡养母亲。

每次抄完书，他都把书中内容记得一清二楚，然后重新默写下来。因此，王僧孺不但博览群书，而且家中逐渐积累了许多珍贵书籍。

长大后，王僧孺作为当时少有的饱学之士，在南齐为官。他曾加入竟陵王萧子良的文学集团，编撰《四部要略》，但只是学士的身份；又得到当朝太子萧长懋（mào）的赏识，担任属官，随后萧长懋去世；后来获得大文豪任昉的推荐，官职一度有所提升；又被始安王萧遥光推荐，担任钱塘县（今浙江省杭州市）县令。总地来说，王僧孺的仕途颇为不顺。

梁武帝建立南梁，授予王僧孺南海郡（今广东省大部）太守一职。南海郡靠近大海，有优良的港口，常年吸引大量外国商船前来贸易。以往的地方官员都会借机获取商贸货物，以数倍价格卖到内地，谋求暴利。

王僧孺有鉴于此，感慨地说："我记得当年有人在蜀地（今四川省大部）为官，离任时没有带走一点蜀锦。我想留给子孙的不是这些珍稀之物，而是廉洁的精神。"

王僧孺到任后，从不索取任何货品，仅一个月就获得了百姓的爱戴。王僧孺在南海郡任职两年，政绩斐然，被召回朝时，当地六百多人来到朝廷请命，希望他留任，但皇帝没有同意。

回到朝中没多久，王僧孺被调往南康王手下任职。南康王有一个最信任的官员名叫汤道愍(mǐn)，多次依仗信任，提出过分要求，王僧孺屡次予以驳回。

汤道愍怀恨在心，恶意中伤王僧孺，王僧孺被免职，许多年都没有再步入仕途。

过了很久，王僧孺才获得任用，负责整理士族家谱。自从曹魏确立九品中正制度，国家选拔官员就以门阀大族的家谱为依据。

▼ 藏书万卷的谱牒学大家王僧孺

东晋末年以来,南方经历宋齐两朝的变迁,士族的家谱失散严重,由此引发诸多问题。此时,士族依然在政治舞台上占据重要地位,门阀出身仍然得到大部分人的认同。因此,梁武帝非常重视重修族谱,派王僧孺整理《百家谱》,并以此为基础,统计出十八个州、一百一十六个郡,共七百一十卷《十八州谱》,将全国士族的姓氏、郡望、名字、官职、彼此血缘关系等信息全部罗列,以此作为官方承认的官撰谱牒。至此,谱牒之学发展到王僧孺,到了集大成的阶段。

522年,王僧孺病逝,终年五十八岁。王僧孺去世时,家中藏书多达一万卷,其中有不少珍贵古本,他是南朝时期著名的藏书家。

经典原文与译文

【原文】僧孺工属文,善楷隶,多识古事。侍郎全元起欲注《素问》,访以砭(biān)石。僧孺答曰:"古人当以石为针,必不用铁。说文有此砭字,许慎云:'以石刺病也。'《东山经》:'高氏之山多针石。'郭璞(pú)云:'可以为砭针。'《春秋》:'美疢(chèn)不如恶石。'

服子慎注云：'石，砭石也。'季世无复佳石，故以铁代之尔。"——摘自《南史·卷五十九》

【译文】王僧孺精通写文章，擅长楷书和隶书，知道很多古代的事情。侍郎全元起想要注解《素问》一书，向王僧孺询问砭石的意思。王僧孺回答道："古代人应当用石头作为针，一定不用铁。《说文解字》中有这个'砭'字，许慎说：'用石头刺入身体治病。'《东山经》说：'高氏之山有很多针石。'郭璞说：'可以用来作砭针。'《春秋》说：'美言疾病，不如用砭石去治疗疾病。'服子慎注解说：'石，就是砭石。'后来世上没有好石头，所以用铁来代替罢了。"

如芷如兰：芷，白芷，草本植物，比喻洁白；兰，兰花，比喻高贵。指洁身自好的情操。

王琳列传

> 王琳（526—573年），字子珩（héng），会稽郡山阴县（今浙江省绍兴市）人，南梁、北齐名将。

● 涡流中沉浮的名将

王琳自幼学习兵法，爱好武艺。梁元帝萧绎还是藩王时，王琳的姐妹同时受到萧绎的宠爱，不到二十岁的王琳因此成了他的心腹，担任武官。王琳性格果决，礼贤下士，喜怒不形于色，身边有很多桀骜不驯的绿林豪杰，都对王琳十分佩服，愿意在麾下效力。

梁武帝末年，侯景之乱爆发，王琳奉萧绎之命，携带一万石米支援京城建康，还没有到达，就听说了建康沦陷的消息。王琳当机立断，将船上的米全都扔进江中，不给侯景军队留下一点，轻舟回到萧绎的根据地荆州。

侯景派遣军队进攻萧绎辖区内的巴陵城（今湖南省岳

阳市），王琳接受大将王僧辩的指挥，镇守巴陵。侯景派遣王琳的哥哥前来劝降，王琳说："兄长奉命讨贼，不能以身殉职，竟然毫不愧疚，反而来诱降我吗？"说完拿起弓箭就射，他的兄长羞愧地退走。侯景久攻巴陵不下，慌忙撤军。

名将王僧辩占领建康后，王琳的部众因为多是盗贼出身，虽然忠于王琳，但军纪不好，在建康城大肆抢掠。王僧辩无力阻止，非常生气，认为王琳将来一定会造反，便请求梁元帝（萧绎）诛杀王琳。王琳很害怕，让手下将领带兵返回自己的任地湘州，一个人来到江陵城请罪。王琳知道此去凶多吉少，对手下将领说："我这次如果回不来了，你们怎么办？"众人义愤填膺，都说："和你一起死。"

王琳来到江陵城，被抓捕下狱，梁元帝另派大臣收编王琳的部队。王琳的部众拒绝收编，起兵造反。梁元帝派遣王僧辩进攻王琳部众，众人不敌，退守长沙。正在这时，在蜀地（今四川省大部）的武陵王萧纪自立为帝，派兵攻击梁元帝，梁元帝腹背受敌，不得不赦免王琳，湘州军队这才归附朝廷。随后，王琳带兵击败萧纪，梁元帝任命王琳为衡州（今湖南省衡阳市）刺史。

梁元帝喜欢猜忌大臣，见王琳的部众上下齐心，依然担心他会造反，便将他调任远离京城的广州（今广东

省大部）刺史。王琳无辜被疏远，非常失落，对好友说："我承蒙皇帝厚爱，希望可以报答。可是把我调到广州，如果国家有难，我怎么能及时支援呢？皇帝只是怀疑我罢了，可是为什么不把我调到雍州（今陕西、河南、湖北三省交界之地）呢，我肯定能约束部下，为国家守好边疆。"但梁元帝的旨意无法违背，王琳只好去广州任职。

554年，西魏军队进攻江陵，梁元帝紧急诏令王琳支援。王琳还没有到达，西魏军队已经攻破江陵，俘虏了梁元帝，拥立萧詧为帝，建立了西梁。王琳大为震惊，命令全军为梁元帝服丧，向各地发布檄文，共同讨伐萧詧。王琳被推举为盟主，然后派遣大将侯平进攻西梁，侯平屡战屡胜，逐渐萌生自立的念头，不肯接受王琳调遣。王琳带兵讨伐侯平失利，无可奈何，只好同时向北齐、西魏和西梁称臣，以求自保。

第二年，陈武帝杀死王僧辩，拥立梁敬帝，王琳拒绝接受拉拢，举兵进攻陈武帝。陈武帝派遣侯安都、周文育讨伐王琳。因为两名将领互不统属，再加上陈武帝接受梁敬帝禅让，使得前线军心不稳。王琳抓住机会，一举击溃陈军，俘虏侯安都、周文育。不久，王琳得知永嘉王萧庄在北齐作人质，于是与北齐取得联系，拥立萧庄为帝。

几个月后，因为手下将领与陈军交战受挫，王琳被迫退守湘州，同陈武帝讲和，但一直不肯臣服陈朝。陈文帝继位后，王琳认为有机可乘，再次进攻南陈，大败南陈名将吴明彻。陈文帝调遣将领阻击王琳，双方在江面对峙一百多天。某天，突然刮起了西南风，王琳认为这是火攻的好机会，马上准备火烧陈军，谁知火刚点燃，风向突然改变，王琳自己反而被烧得七零八落，几乎全军覆没，不得不带着妻儿投降北齐。

王琳在北齐受到皇帝的礼遇，但遭到其他官员轻视。573年，南陈名将吴明彻带兵北伐北齐，占领了淮南大片土地，王琳跟随北齐将军尉破胡增援。面对南陈名将吴明彻，王琳非常谨慎，他认为吴明彻屡战屡胜，军队实力强劲，建议尉破胡以坚守为主，不要轻易进攻。尉破胡没有接受王琳的建议，北齐军队大败，王琳孤身一人突围，奉命来到寿阳（今安徽省寿县）坚守。吴明彻带兵围困寿阳，北齐将领冷眼旁观，不肯支援王琳，王琳军队死伤惨重，最终城破被俘。

吴明彻知道王琳是将才，想要保全他的性命。王琳被俘后，军中很多人曾是他的旧部，纷纷为王琳求情，就连淮南的百姓都悲痛万分。吴明彻见王琳如此得人心，害怕他归降后再次造反，下令紧急杀死王琳，王琳终年四十八岁。

经典原文与译文

【原文】及败为陈军所执,吴明彻欲全之,而其下将领多琳故吏,争来致请,并相资给,明彻由此忌之,故及于难。当时田夫野老,知与不知,莫不为之歔欷(xū xī)流泣。观其诚信感物,虽李将军之恂恂善诱,殆无以加焉。——摘自《南史·卷六十四》

【译文】等到王琳兵败,被陈军生擒,吴明彻想要保全他,而他手下的将领大多是王琳的老部下,争着前来说情,并且争相给予王琳资助,吴明彻因此非常忌惮他,他因此才被杀。当时乡野村夫和老人,知道或者不知道的,没有不为王琳唏嘘流泪的。王琳的诚实信义感动他人,即便像李广那样循循善诱的人,大概也没有超过他。

疾之如仇:疾,嫉恨、痛恨。指如同对仇敌般痛恨他人。

南史·陶潜列传

陶潜列传

> 陶潜（约365—427年），名元亮，字渊明，别号五柳先生，世号靖节先生，寻阳郡柴桑县（今江西省九江市）人，东晋末年隐士、著名文学家，被誉为"田园诗派的鼻祖""隐逸诗人之宗"。

不为五斗米折腰的大文学家

陶潜出身名门，其曾祖父是东晋名将陶侃，其外祖父孟嘉是东晋名士，等到他的父亲去世，家道开始中落。

陶潜从小学习儒家经典，练习古琴，但生性喜爱闲静，热爱山水，同时具备儒家的修养、道家的风范。为了维持生计，二十岁的陶潜踏上仕途，在州郡担任低级官员。

因为祖上声名显赫，加上自己性格怡淡，陶潜感觉这些卑微的官职有辱先祖，往往没有工作多长时间，便辞官还乡。

陶潜在家中以耕田为生，门前种植五棵柳树，自号"五柳先生"。州郡官员想要请他当官，都被拒绝。

当时，在江州（今江西省九江市）任职的名将檀道济去看望陶潜，见他已经连续几天挨饿，躺在床上动弹不得，表示很不理解，对他说："自古贤能的人生活在人世间，一定是天下混乱的时候，才会选择隐居。如今天下安定，你为什么要如此作为？"

陶潜回答道："我怎敢和那些先贤相比，只不过我对做官不感兴趣而已。"檀道济很无奈，给陶潜留下了一些肉食后离开。

后来，朝廷想要授予陶潜参军的职位，陶潜依然没有接受，对身边的人说："我想靠弹琴唱歌获得隐居的费用，可以吗？"

405年，陶潜最后一次步入仕途，担任彭泽县（今江西省九江市彭泽县）县令，陶渊明工作了八十多天，实在对做官不感兴趣，于是彻底走向归隐之路。

县里的官员请陶潜回来，陶潜叹了一口气，说道："我还是不想为了五斗米，卑躬屈膝地获得官职。"于是写下《归去来兮辞》表达自己的志向，将官印留下，告别官场。

选择归隐让陶潜一直很贫困，但他的妻子非常支持他。

陶渊明躬耕田野

夫妻两个相互依靠，陶潜在前面耕田，妻子在后面锄地，在菜园子里种豆种菜，日子过得非常清贫，经常要靠朋友接济才能勉强维持生活。

陶潜尽管在物质上极度贫困，但精神上却无限自由。陶潜每天都泰然自在，经常访亲会友，每次都要开怀畅饮。

许多人知道陶潜文采极佳，经常置办酒席招待他，陶潜从来不客气，往往喝得大醉。每次喝到兴起，他就对身边的人说："我喝醉了，你自己走吧，不要管我，我要睡觉。"

陶潜归隐之后反而声名鹊起，大文豪颜延之也成了他的忘年之交，两人经常切磋诗歌技艺，喝酒聊天，被传为佳话。

归隐后的陶潜，思想更加成熟，通过诗歌表达自己的理想和抱负。他在田间地头写出了大量清新自然的田园诗，对后世文学产生了深远影响，成为我国最著名的田园诗人。

陶潜的诗歌浑然天成，情感自然流露，毫无教化的内容和雕琢的痕迹。他的隐逸也绝不是消极的避世，相反，他的很多诗文都体现了对历史和现实的思考，他猛烈批判现实中的虚伪和黑暗，不愿意同流合污。后人将陶潜的诗文整理成书，编成《陶渊明集》，流传至今。

427年，陶潜病逝。陶潜作为我国古代最有名的隐士，内心深处满是自尊和傲骨。宋武帝代晋自立，让他感受到亡国之痛，更不愿意为刘宋效力。

陶潜撰写文章时都习惯性地记录年月，东晋时写的文章，都清楚地写明年号，东晋灭亡之后，陶潜只写日期，没有写刘宋的年号，这也许就是他最后的尊严。

经典原文与译文

【原文】先是，颜延之为刘柳后军功曹，在寻阳与潜情款。后为始安郡，经过潜，每往必酣饮致醉。弘欲要延之一坐，弥日不得。延之临去，留二万钱与潜，潜悉送酒家稍就取酒。尝九月九日无酒，出宅边菊丛中坐久之。逢弘送酒至，即便就酌，醉而后归。——摘自《南史·卷七十五》

【译文】先前，颜延之担任刘柳的后军功曹，在寻阳郡和陶潜情谊深厚。后来颜延之到始安郡（今广西省桂林市）任职，经过陶潜的住地，便去拜访，每次前往都会与陶潜开怀畅饮直到喝醉。王弘想要邀请颜延之一起坐坐，整天都找不到机会。颜延之临走时，留下两万钱给陶潜，陶潜将钱全都送给酒家，慢慢到酒家取酒喝。陶潜曾经在九月九日重阳节时没有酒喝，他走出宅子坐在菊花丛里很久，正好赶上王弘前来送酒，马上便就地开始喝，喝醉了才回到家中。

不求甚解：甚解，深入的了解。读书只求领会精神实质，不咬文嚼字。现在多指只求懂得个大概，不求深入了解。

今是昨非：现在是对的，过去是错的。指认识到过去的错误。

师老兵疲：师，军队；老，衰老；疲，疲惫。指用兵时间过长，士兵疲惫，士气低落。